スウェーデン発・
知的障害のある人の
生活支援ハンドブック

——評価に役立つ記入様式付き——

E. リンストローム／B. ヴェンベーリア 著

田代幹康／C. ロボス 訳・著

ミネルヴァ書房

GREPP OM LIVET
by Elisabet Lindsröm and Birgitta Wennberg
copyright ©Hjälpmedelsinstitutet (HI) 2004
Japanese translation published by arrangement with
Swedish Institute of Assistive Technology through
The English Agency (Japan) Ltd.

訳・著者はしがき

　本書の訳・著に携わったのは2000年あたりだったと思う。当初は自分自身の研究調査のための文献の一つとして，その内容を概観する程度であったが，読み込むにつれ筆者がかつて日本の知的障害者福祉施設の支援員として働いていた当時の状況が思い出されてきた。そして本書の知的障害のある人々を取り巻く環境を重要視する考え方が，広く知的障害のある人々の生活支援や実践現場で大いに役立つのではないかと強く思い始め，本格的な作業に取り組み始めた。大まかな訳を終えた時，日本での出版許可を得るために原著者と一度お会いしたく思い，ストックフォルム市内にある能力支援センター（Klara Mera - Center för begåvningsstöd）を訪ね，エリザベット・リンストローム（Elisabet Lindström）とビルギッタ・ヴェンベーリア（Birgitta Wennberg），そしてスウェーデン支援機器・方法研究所（Hjälpmedelsinstitutet）のコーディネーター，インゲイャーデ・ニコラウ（Ingegärd Nicolaou）にお会いした。

　そのセンター内部に足を踏み入れると，そこには，さまざまな能力を支援するための機器が設置され，これらを使用しての個人生活をシミュレーション体験できる部屋もあった。ここでは，本人とその支援者が支援機器の使用方法や能力を発揮するための支援方法を学ぶことができる。生活環境にある生活する上で必要なさまざまな情報，たとえば，調理・掃除の手順やスケジュールの管理を本人に理解しやすい方法で示してくれる機器，機能が単純化された操作しやすいテレビやCDプレーヤー等もあった。そして彼女らにこのセンターの役割とさまざまな支援方法について説明してもらった。

　このセンターの訪問を通じて，支援には生活支援者などの福祉関係職の他に，作業療法士，言語聴覚士，理学療法士などのリハビリテーション専門職も含めてのニーズ評価と支援計画の策定が不可欠であるということを強く感じた。この時，両氏よりこの原著書の改訂作業が現在進んでいることが伝えられた。ほぼ翻訳を終えた矢先だったので少々慌てたが，筆者は改訂作業が終わるのをしばらく待つことにした。

　そして2004年に連絡があり改訂版が送られてきた。それからの作業は古いバージョンと新しいバージョンを1ページごとに比較し，変更された箇所，言葉などを一行ごとにチェックし，そして翻訳しなおす

という根気のいる作業を行っていった。改訂版では，時代の変化や考え方の変化によりいくつかの用語についても変更されていた。結果，最終的に本書が完成するまで多くの時間と労力が費やされた。

　原題は *Grepp om livet : en väg till begåvningsstöd* である。本書は，この原著をⅠ部・Ⅱ部とし，さらに筆者とロボスさんの2人でスウェーデンの障害福祉政策をⅢ部として付け加えたものである。また文中には，「能力を支援する」「知的障害」などという言葉がたびたび使用されているが，特によく利用されている用語に関して"Begåvningsnedsättning"を「能力障害」，"Utvecklingsstöd"を「知的障害」，"Funktionshindrade"を「機能障害」と訳した。また"Hälpmedelsinstitutet"を「スウェーデン支援機器・方法研究所」とした。

　筆者の日本の知的障害者領域での実践経験と，スウェーデンを訪問し実際に自分自身で実践している状況を観察し，日本でも知的障害のある人々とその支援者の多くが，この教材を利用することができるのではないか考えている。もちろん本書の内容すべてがすべての人々へ適用できるとは限らない。しかし本書の内容や実践の中のいくつかが個々人の状況に応じて，利用，応用して実践できるかもしれない。本人と関わり，よく知り，支援する人たちは，本人に役立つ部分を見つけ活用してくれることを願っている。

　Ⅰ・Ⅱ部の原著はスウェーデン語で書かれている。内容が生活を支援する方法を取り扱っていることから，スウェーデンと日本での生活習慣等が異なる部分もあり，日本の現状や生活習慣に合うように訳や用語の変更，削除をした部分がある。また翻訳は，話の内容が読者に理解できることを優先し，アレンジを加えた。したがって，完訳ではなく超訳であることをあらかじめおことわりしておく。訳・著者の未熟さがあるかもしれないが，しかし日本の知的障害者施設現場での実践経験から，この教材は知的障害者の日常・社会生活を支援するための方法の一つとして重要な考え方であろうと思っている。そして多くの人々が平等に情報にアクセスしたり，社会参加する機会がより促進されるユニバーサルな社会を構築するための支援方法として，とても重要な考え方であると思っている。

2011年2月

訳・著者　田代　幹康

第2版の解説

　原著は1996年に初版が出版されると，ただちに幅広くスウェーデンの実践現場において広がり，障害のある人の能力を有効的に活用するための支援方法についての興味を多くの読者に喚起した。本書は第2版として改訂されたものであり，スウェーデン支援機器・方法研究所[*]のウェブサイト上のPDFファイルとして発行された。今回の改訂版においては，サポート方法に関するものから，同じ利用者に対しワーキングチームとして取り組むための視点についても変更した。発達障害のある人々が自立するという視点をより発展させることと，本書の主要な目的の一つとされるスタッフメンバー（支援者）の役割についても見直された。また，利用者が能力を発揮するための個別支援を可能にするため，スタッフメンバーへの組織的な支援方法についても述べている。本書の著者，言語聴覚士のE・リンストロームと作業療法士のB．ヴェンベーリアは，この専門分野において長年の経験をもち，この数年間における実践経験を通じたさまざまな意見を吟味し，今回この改訂の作業を行った。わたしたちはこの改訂によって新たな発見と大きな実践，継続的なサポートが提供されることを願っている。

　　2004年9月　ストックフォルム

　　　　　　　　　　　　　　　スウェーデン支援機器・方法研究所部門長
　　　　　　　　　　　　　　　スーサン・フォーシュベーリア

[*]**スウェーデン支援機器・方法研究所**（Hälpmedelsinstitutet）
　機能障害のある人々の社会や環境へのアクセスや特別な支援方法の領域に関する国レベルの専門研究機関である。以下の箇条書きのような，特別な支援方法とその活動，社会へのアクセスに貢献することによって，完全参加と平等に関する業務を行っている。またその本部は，国に設置されており，県といくつかの市町村に支部が組織されている。
- 特別な支援方法の試験・試行・購入・取得
- 研究開発
- 調査活動
- 教育活動とその能力開発
- アクセシビリティー領域における努力
- 国際的な活動
- 情報提供

第2版への序文

　　原著の編集作業は，スウェーデン支援機器・方法研究所（前スウェーデン障害者研究所）における「メンティックプロジェクト（Mentek-project）」と「FUB（スウェーデン知的障害児・者・親同盟）」，「ala 基金」によって1992〜1995年に行われた。プロジェクトにおいて強調されたことは，どのように支援すれば新しい技術で知的障害のある人々の自立と自らの生活をコントロールする可能性を高めることができるかであった。このプロジェクトにおいては，事前にニーズを分析して支援方法が示されている。実際に知的障害のある人のそばにいる支援者は，このような方法がなくてもニーズを把握しているであろうが。また，あらゆる状況において，本人が本当に望むもの，必要なことを支援者が知らなくても，以前に見たり聞いたりしたことがある情報や経験から，本人に必要な特別な支援方法を見出しているだろう。このメンティックプロジェクトにおけるワーキングモデルは，ニーズと知的障害のある人の可能性，つまりどのようなニーズがあるのかを見つけ出すためのものとして使われ，後に，知的障害のある人々の自立への可能性について，共に働く支援者に大いに役立つものとなった。*Grepp om Livet* は，成人した軽度の知的障害のある人々とともに働く支援者への教材として，1996年の春に作られた。そして今回改訂され，新しく発行された。

　　今回，時事に合わなかったり，使用されなくなった文章や用語について変更がなされた。その他，新しく加えられたもの，再考されたもの，いくつかの事例の内容について変更されたもの，フォーム（記入様式）におけるイメージの改良も新しく加えられ改訂された。

　　改訂前の初版当時（1996年），WHO にて提案された国際障害分類（ICIDH）に基づき，機能障害とハンディキャップという概念が使われていた。1990年代に ICIDH-2 が試案され，WHO がまた新たに取り組み始めた部分的に異なる国際生活機能分類（ICF）では，環境の重要性が強調され，「活動」と「参加」という，より肯定的な用語が使われている。

　　本書の改訂においては，「機能障害」という用語を選択し，「ハンデ

ィキャップ」という言葉を使用した。なぜならば，本書によって多くの読者がより可能性を広げることを促進し，肯定的に働きかけることにつながると信じ，この概念を使用したのである。また ala 基金との協議において，筆者は「活動」と「参加」という概念に基づいて本書を執筆し，そして，知的障害のある人々をどのようにして自立の可能性へと結びつけることができるのかについても検討した。

著者　E. リンストローム
　　　B. ヴェンベーリア

＊＊ala 基金（stiftelsen ala）
　スウェーデン知的障害児・者・親同盟（FUB）と連携し，障害者に関するさまざまな研究調査・報告を行っている。

スウェーデン発・知的障害のある人の生活支援ハンドブック
——評価に役立つ記入様式付き——

目　次

訳・著者はしがき

第2版の解説

第2版への序文

序　章　2つの重要なスターティングポイント …………………………………… 1
　　　　　支援者のための教材　　支援者の新しい役割
（1）　2種類の教材による構成 …… 4
　　　　　教材について　　フォーム（記入様式）について　　キーワード
（2）　本書の利用にあたって …… 5
　　　　　教材の様式　　実践における役割分担　　専門的なサポート　　実践を行うスタッフ
　　　　　知的障害のある人への情報提供　　実践を行うための計画（日程）づくり
　　　　　教材へのアクセス方法　　実践準備に向けた役割

第Ⅰ部　解説・実践編

第1章　活動と参加 ……………………………………………………………………… 11
　　　　　能力を補い体験を積むこと　　支援者がもつべき関心　　参加の頻度
　　　　　知的障害のある人とは　　スウェーデンの法律では
（1）　100年間の移り変わり …… 16
　　　　　知的障害のある人に対する社会の見方　　大きな施設におけるケア
　　　　　機能障害は訓練されるべき　　社会における統合
（2）　ノーマライゼーションの理念の浸透 …… 18
　　　　　機能障害のある人は，自ら行うためのサポートを得るニーズがある　　キーワード
（3）　日常生活における能力を支援する方法 …… 21
　　　　　本人が自分の生活について影響力をもてるか　　支援者としての2つの重要な仕事
◉作業・練習課題 …… 22

第2章　困難な状況と環境からの要求 ………………………………………………… 25
　　　　　環境とのギャップを小さくさせる支援　　本人の能力に合わせた状態
（1）　新たな認識を得る …… 27
　　　　　実践の行程　　正当性・守秘義務への留意

1　本人による自立の評価──本人はどう思っているのでしょう ……………………………… 29
　　　支援者による評価　　本人自身による評価
（1）　評価のフォーム（様式）1の形式……30
（2）　どのようにして評価を行うのか……30
　　　本人の状況に合わせる　　理解に合ったインタビュー　　本人に情報を提供する
　　　本人にインタビューを行う　　インタビューの後で
◉作業・練習課題……34

2　支援者による自立の評価──支援者はどう思っているのでしょう ………………………… 35
　　　見つけるための評価　　支援者による評価
（1）　評価のフォーム（様式）2の形式……36
　　　活動の達成における自立のレベル　　特別な支援方法について記載するHの欄
　　　評価フォーム（様式）のコメントを書くスペース
（2）　どのようにして評価を行うのか……38
　　　インタビューの際に
◉作業・練習課題……40

3　どのように能力を活用しているかの評価 ……………………………………………………… 41
　　　能力評価の新しい可能性　　何が能力的機能か　　能力の何を活用しているのか
　　　時間の理解に関する抽象的能力の促進の例　　知的障害とは　　理論から実践へ
　　　支援者の知識と本人の可能性
（1）　どのようにして評価を続けるのか……46
　　　完全ではない評価
（2）　評価のフォーム（様式）3の形式……47
（3）　どのようにして評価を行うのか……47
◉作業・練習課題……48

4　状況の分析 …………………………………………………………………………………………… 49
　　　困難なポイントを見つけ出すために
（1）　評価のフォーム（様式）4の形式……50
　　　2つの事例
（2）　コーヒーをつくる──状況分析の例1……51
　　　1）状況──コーヒーメーカーでコーヒーをいれる　　2）過程・ステップ
　　　3）能力における困難性　　4）単純化と支援への提案
（3）　服を洗濯する──状況分析の例2……54

　　　　　1）状況——洗濯（洗濯機の利用）　　2）過程・ステップ　　3）能力における困難性
　　　　　4）単純化と支援への提案
　　◉作業・練習課題……59

第3章　コントロールする
　　　　　——自分自身で知ること，選択すること，そして決定すること……………………61
　　　　自立とは　　自分自身で決定するという意味　　今日の見解はどのようであるのか
　　　　選択するために必要なこと　　どのようにコントロールするのか
　（1）　フレーム（枠組み）からの決定……64
　　　　「したいこと」を本人が自分で決めることができるのか
　　　　「したいこと」の何を本人は決めることができるのか
　　　　本人が影響力をもたなくとも情報化されるべきことは何か
　（2）　話し合い——影響を与えるための機会……66
　　　　さまざまな時間的見解についての決定　　規則的にその機会が訪れ進められる
　（3）　内容——個人の能力に沿ったもの……68
　　◉作業・練習課題……71

第4章　自立——能力をサポートする方法とともに……………………………………73
　　　　本人のニーズと希望から始める　　認知的支援の目的は自立を促進させること
　　　　本人にあった特別な支援方法　　能力への支援のニーズは変更される
　（1）　能力を支援するさまざまな方法……77
　　　　構造化と具体化
　（2）　構造化という工夫による適応……78
　　　　構造化の例
　（3）　具体化による適応……79
　　　　具体化と記憶のサポート例　　新しい技術製品による具体化　　シンボルを使用した例
　（4）　要　約……83
　　　　共通の困難性　　特別な状況における困難性　　優先順位とその選択　　専門家からのサポート
　　◉作業・練習課題……85

資　料　文献・ビデオ・関連資料 ……………………………………………………87
　　　　能力的な障害に関するもの　　ピクトグラムに関するもの
　　　　LSS法と権利，自己決定に関するもの　　能力的な障害とその特別な支援方法に関するもの

第Ⅱ部　フォーム（記入様式・資料）編

1　本人による自立の評価——フォーム（様式）1 ……………………………… 95
（1）　家で（1：1〜1：8）…… 95
（2）　余暇活動（1：9〜1：13）…… 103
（3）　仕事／日中活動（1：14〜1：21）…… 108

2　支援者による自立の評価——フォーム（様式）2 ……………………………… 116
（1）　家で（2：1〜2：3）…… 116
（2）　余暇活動（2：4〜2：6）…… 119
（3）　仕事／日中活動（2：7〜2：8）…… 122

3　能力活用の評価——フォーム（様式）3 ……………………………………… 124
（1）　シンボルの利用（3：1〜3：5）…… 124
（2）　分類・選択（3：6〜3：9）…… 130
（3）　量・数量，計算，数字（3：10〜3：12）…… 135
（4）　お　金（3：13〜3：15）…… 138
（5）　関連性（3：16〜3：18）…… 141
（6）　時　間（3：19〜3：22）…… 145
（7）　距離・間隔・空間と方角・方向（3：23〜3：24）…… 150

4　状況の分析——フォーム（様式）4 …………………………………………… 152

5　インタビューの要約——フォーム（様式）5 ………………………………… 156

6　支援方法の計画——フォーム（様式）6 ……………………………………… 157

資　料　フォーム（様式）1で使用するシンボル ………………………………… 159

第Ⅲ部　スウェーデンの障害福祉における法律・政策

（1）　基本理念と行政組織…… 163
（2）　法律の概要…… 163
（3）　スウェーデンの障害者福祉に関する施策の概要…… 165

1）　経済的な援助
　　　障害児介護手当　　障害者手当　　早期支払年金　　住宅手当
　　　2）　各種福祉サービス
　　　専門職によるサポート　　パーソナルアシスタンス
　　　エスコートサービス（外出付き添いサービス）
　　　コンタクトパーソンサービス（友人，助言者サービス）　　レスパイトサービス
　　　ショートステイサービス　　12歳以上の子どもへの放課後の余暇活動支援
　　　里親家庭または特別なサービス付き住宅　　成人のための家庭的な特別なサービス付き住宅
　　　就業年齢に達した人々への日中活動（デイサービスセンター，福祉的就労）　　就学前教育
　　　教育　　就労　　住居保障　　テクニカルエイド（補助器具）　　権利擁護
　　　障害者の成人教育

（4）　**最近の機能障害者支援**（C.ロボス）……170
　　　サービスの自由選択システム

（5）　**スウェーデンとノーマライゼーションの理念**（田代幹康）……173
　　　ノーマライゼーションの理念の誕生　　その理論化と発展
　　　ノーマライゼーションの理念の具現化
　　　日本の障害者福祉とノーマライゼーションの理念

Ⅲ部参考文献　178

訳著者あとがき　181

索　　引　183

序章

2つの重要な
スターティングポイント

「すべての人々には，活動するニーズがある」

「すべての人々は，自分自身の人生について自己決定し，
可能な限り自立する権利がある」

知的障害のある人々がより自立した生活を獲得できるようにするには，
どのように支援すればよいのだろうか。
彼らまたは彼女らの日常生活を制限させているものを見つけだすために，
周りの人々は何ができるだろうか。
特別な支援方法の提供，または適切なサポート方法を考えることによって
能力の制限を補うことができるだろうか。
本書はこれらの問いについての答えを導き出す。

支援者のための教材

本書は，軽度の知的障害のある人のグループホームやデイサービスセンターで働く人々の教材を主としてつくられたものである。支援者はなんとかして障害のある人が自ら活動できるように，その能力を支援する方法を提案，具体化し，そして実践への専門的働きかけをしたいと思っている。本書はこれらの視点に立ち，第Ⅰ部の解説と実践編では，サポートの方法，障害のある本人が自立するための能力の重要性を支援者が理解すること，また本人自らが自立への姿勢に気づくことに重点をおいている。

では，どのように活動や作業がなされるのか。また現在の支援方法がどのように変更されるべきなのか。これらのことを考えることにより，新しい方法の実践に結び付けられる。そして目的は，知的障害のある人が日常生活でうまく物事を進められるようになること，可能な限り自らの生活において自己決定できる可能性を広げることである。

本書は能力障害についての理論的アプローチには触れていないが，本書を正しく理解してもらうためには，知的障害についての基本的な理論の知識が必要である。

スウェーデンで書かれた原書は，グンナル・シリェーン[→1)]（G. Kylen）の能力障害の理論についての知識が読者にあることを前提としており，詳しくは本書の巻末にて，文献，ビデオ，その他，情報に関するリストを参照されたい。機能障害のある人は他の人々と同様の基本的なニーズと権利をもっており，平等な生活状況を有するための特別な支援を得るニーズがある。スウェーデンのLSS法[→2)]（機能障害者のサポートとサービスに関する法律）には，機能障害のある人が他の人と同等な生活状況を得るための支援を受ける法的権利が保障されている。

知的障害のある人は，1日の中で起こるいくつかの状況が理解できない，また，自分自身である物事をうまく取り扱うことができない，という経験を何度かしていることだろう。そして，その状況や場面でミスをおかし，結果として，物事を進めることにまったく自信がもてないと感じているだろう。もしその人の困難な状況をこまやかに理解し，正しい支援を提供することができれば，その人は当初に感じられたような困難を経験することは少なくなるかもしれない。

支援者の新しい役割

本書は，障害のある人とともに，個人の能力，動機，環境からの要

→1) グンナル・シリェーン (Gunnar Kylen)
　彼は，知的障害の能力障害をA，B，Cの3つのレベルにて分類した。知的障害は，重度の知的障害をA，中度をB，そして軽度をCとした。
　留意するべき重要なことは，誰もがこのレベルで固定されることではなく，誰もがさまざまな異なった領域内において発達する可能性があるということである。この意味は重度の知的障害のある人でも実際にBレベル内の能力を示す可能性があり，中度の知的障害の人もCレベル内に達する可能性をもつ能力があるということである。

→2) LSS法
　1993年にスウェーデンの機能障害者の社会サービス等について制定された法律。

序章　2つの重要なスターティングポイント

ペレは，自分の住所や電話番号をうまく言うことができなくても，彼の写真や住所，電話番号の書いた名刺を利用すれば，土曜の夜にパーティに一緒に行く友達をみつけることができるかもしれない。

リサは数を数えることができないが，自分でコーヒーをいれたいと思ったとき，さまざまな色のマークを付けたコーヒーのメジャーカップがあれば，支援者がそこにいなくても自分でおいしいコーヒーをいれることができるかもしれない。

エバは時計を理解することが難しく，何時に仕事に行けばよいのかがわからないが，目的の活動までどれくらいの時間が残っているかを示してくれる特別なデジタルウォッチがあれば，いつ家を出ればよいのかがわかるかもしれない。

求（状況に応じた能力）をとりあげることにより，いかに環境状況が個人の自立の可能性に影響を与えているのかを述べている。他にも自立に影響を与える要因としては，移動，視覚，聴覚等の機能障害による制限や，生活や就労・日中活動の状況等があげられる。支援方法を提供することは，今後，介護者・訓練者・指導者という役割に代わり，通訳・翻訳者という役割をも担うことになるだろう。日常生活環境に存在する多くの困難要因，それらに対する支援が提供されるとき，障害のある人に自立の可能性が広がるのである。

（1） 2種類の教材による構成

教材について

　第Ⅰ部は主に，理論的な内容を取り扱った第1，2章と実践に関する第3，4章で構成されている。第Ⅰ部では，支援スタッフとともに行うワーキングモデルとして，障害のある個人の能力の見つけ方とそのサポート方法について示している。また各章は，その実践例，話し合いと質疑，で完結している。

　第1章「活動と参加」では，機能障害，ハンディキャップ，能力へのサポート，スウェーデンにおける知的障害者に関する歴史，法制度，そして支援に対する考え方について述べている。第2章「困難な状況と環境からの要求」では，個人の日常生活における自立と能力のニーズ，サポートをどのように分析するのか，そして，個人の要望をどのように汲みとることができるのかについて解説している。そこではまた，本人の能力に対して，置かれた環境からの要求，すなわち個人の能力の許容量・限界・限度について，どのように観察するのかについても示している。第3章「コントロールする」では，知的障害のある人が，自分自身の生活を管理・決定する可能性について取り上げ，環境状況と個人の能力の許容量・限界・限度との関係が，認識・活動することへ及ぼす影響について取り扱う。第4章「自立」では，あらゆる異なった能力の種類，多様な知識を総合したサポート方法を取り上げ，発達障害のある人がより自立するための可能性について解説している。

フォーム（記入様式）について

　本書はまた，6つのフォーム（記入様式；以下フォームとする）が使用されている。これらはインタビュー，評価，分析を行う際に利用するフォームであり，第2章と第4章で使用する。すべてのフォームは数枚で構成されている。

> **キーワード**
> 「知的障害」「能力障害」「精神遅滞」。これらの言葉はさまざまな人々にさまざまな形で理解されている。本書では，「知的障害のある人」または「知的障害者」という言葉を選んでいる。

（2） 本書の利用にあたって

教材の様式

　支援グループが定期的に話し合いをもつことにより，多くの可能性が見出される。本書では話し合いと質疑，実践の両方が存在する。本書に示された実践計画と課題，問題に沿えば，実践の様子と，達成までに費やす時間が，おおよそわかるだろう。しかし，たとえば，各パートにおいて異なった順序や方法で行ったり，ある章については，より深く行ってみる等，異なった方法を探ったり再構成して実践する場合もある。そのような時，この実践を始めるにあたって，おそらく支援者のグループで，支援者であるあなた自身は，知的障害のある本人とともにLSS法についてあらためて学ぶ必要があるだろう。軽度の知的障害のある人がどのようにして周りの環境を理解するのか，支援者も同じ考え方・知識を共有する必要がある。

　本書のフォームではピクトグラム（文字や文章の代わりに，絵やシンボル等により情報を伝える方法）が使用されている。ご存知の方もおられると思うが，このピクトグラムは能力をサポートすることについて有効とされている。

実践における役割分担

　本書による実践を行う場合，ワーキンググループのスタッフは役割分担を行うとよいだろう。たとえばあるスタッフは，文献やビデオ，備品などを担当する。各自が役割分担をして実施することは有効に違いないが，同一の責任管理者（リーダー）が，この実践について一通りの管理責任をもつことも大切だろう。または，観察者（オブザーバー）として外側から実践を観察する役割を担うとよいだろう。リーダーやオブザーバーには，本書の利用についての経験と，知的障害・発達障害のある人とともに働いた経験をもつスタッフがなる必要があろう。また，責任管理者（リーダー）は，実践のスタッフメンバーに属さない所に身を置くことも有効であろう。そのような責任管理者（リーダー）を置くことにより，スタッフへの認識を促進させ，実践に関する異なった視点を加えることができるだろう。

専門的なサポート

実践に向けて，専門的立場の人が特別な知識を提供することや，いくつかの具体例を示す必要がある。計画したり，結果から判断したり，選択を伴う実践，達成度の評価，本人が必要とする支援を考える上で手引きや手本が必要となるからである。

そんな時，スウェーデンのLSS法（機能障害者のサポートとサービスに関する法律）では，機能障害者は必要な相談・助言や支援等，専門的な援助を得る権利が保障されている。これにより，障害のある人とその支援者は，地域のハビリテーションチーム[→3]の作業療法士，言語聴覚士，心理士等，と相談することができる。また近隣の特別な支援方法を提供している機関や，能力サポート，認知的サポートを提供している機関の担当者にも相談することができる。

実践を行うスタッフ

本書では実践現場における支援方法に話がおよぶため，同じ実践現場で働いているスタッフ同士が，このプログラムに一緒に参加することが望ましい。良い結果を得るために，実践現場にはグループリーダーを含むすべてのメンバーが参加すること，メンバーがすべての実践についてのガイド方法を把握していることが必要である。もしグループが大きくなりすぎたり，または他の理由によりメンバーが同時に参加することが不可能な場合，参加者は同じ知的障害のある人と働くスタッフとともにプログラムを実践するべきである。

このワーキングモデルは，スタッフとともに知的障害者本人が自分の日常生活の場において実行し，環境に適応することにもとづいて立案されている。つまり，知的障害のある人が自身の日常生活にうまく対応していく可能性を提供するよう，可能な限り自分自身で決定を行っていくよう立案されている。

知的障害のある人への情報提供

このワーキングモデルは，知的障害のある本人がなるべく自ら理解できるように促す意味をもっている。参加者がこのワーキングモデルをすべて理解することは難しいかもしれないが，能力の支援方法に関するイメージやビデオを見たり，実際に行われているサポートの方法が提供されたり，またはこのようなサポート方法を実際に行っているところ，たとえばハビリテーションチーム，特別な支援方法を提供す

→3）ハビリテーション（Habilitation）
リハビリテーション（Rehabilitation）のもとの機能を回復する意味としてのReに対して，Habilitationは先天性もしくは幼少時からの障害に対し，機能をより獲得をするという意味をもつ。スウェーデンの各基礎自治体には原則的にこのようなリハビリテーション専門職が置かれている機関が設置されている。

るセンター，または通所施設，グループホーム等に出かけて見学することができる。

したがって，このような方法を通じ，支援グループのあなた方が可能な限り，障害のある本人が見て，聞いて，「いつ」，「誰に」，「どのように」，「何を」，がたやすく理解できるような方法をとることを重要視している。

実践を行うための計画（日程）づくり

支援者がこのプログラムを学ぶための計画（日程）を立ててみよう。ワーキンググループの時間枠として，1回がおおよそ長くても1日2時間半までで，計12回程度が適当と思われる。理論についての話し合いや，実践方法についての打ち合わせがなされ，適した時間に手本が計画されることが重要である。これはとくに第2章のインタビューの実施や，評価，分析のところで考慮されている。

すべての章の最後には，どのようにすれば，より具体的に実践できるのかについて提案されている。これらの提案を通じ，実践の適性を見直すことは適切であろう。おそらくある領域についてより深く行いたいと思ったり，またいくつかの章については，他より多くの時間をかける必要があるかもしれない。

教材へのアクセス方法

教材やフォーム（様式）は，支援者がすぐ参照できる場所に配置され，各自が時間のあるときに見ておくことができるのが望ましい。実践の手始めとして，インタビューフォームで使用するイメージに慣れてみよう。フォームでは，どのようなイメージを利用することが本人の理解に適切なのか考えてみよう。それには本人が普段理解し，利用している次のようなイメージシステム（視覚的伝達手段）を把握することが必要である。またそれは1種類なのか，またはいくつかの種類があるのかを知ることが大切である。イメージシステムにはいくつかの種類があり，たとえば，ピクトグラムや，紙に描かれた絵，写真，コンピューターグラフィックのデジタル映像におけるイメージなどがある。イメージはこのようにコンピューターで作成することが可能だったり，印刷することもできるだろう。

→4) 見 学
スウェーデンのいくつかの地域には，このようなサポートに関する社会資源をもつセンターが設置されている。

実践準備に向けた役割

　実践に向けた役割を決めると実践しやすくなる場合がある。ある章においてはとくに留意をし，準備する者，巻末資料について読む者，また，よりイメージシステム（視覚的伝達手段）について深く調べる者など，参加者同士で実践に向けた役割をあらかじめ決めておくと，取り組みやすくなるだろう。

第Ⅰ部

解説・実践編

第1章

活動と参加

すべての人々は自ら成長・発達し，快適な生活をおくるために，
自らの可能性を広げる活動に参加するニーズがある。
この「活動」が「いつ，どこで」，
そして「どのように実行されるか」が重要である。
そしてこの活動とは「自身の影響力が行使できる意義ある活動」を意味する。

第Ⅰ部 解説・実践編

適切な高さに設置されているドアの自動開閉ボタンとネームプレートがあれば，移動に困難のある人でも自分で対応することができる。この状況は本人がコントロールでき，問題なく実行できるということである。

能力を補い体験を積むこと

たとえば，ある怪我により聴覚に障害のある人は，検査によって補聴器という特別な支援方法が必要とされるだろう。これは本人が補聴器を利用することにより環境に適応できるということである。運動障害のある人に対しても本人が環境に適応するためのものとして，たとえば，車いすという支援器具が提供される。また，環境自体に対しても適応するための改良が必要とされる。たとえば，段差や仕切りを取り除いたり，車いすが通りやすいように入り口や通路を幅広くしたりすることである。

これらの考え方は能力的な部分に対しても適用され，その機能が分析され補われる。時折，能力的なハンディキャップのある状況が，あたかもそれが知的機能の低下と同様な意味のように不注意に話題にされることがある。しかし，誰もが資質としてのハンディキャップを常にもつわけではない。人がハンディキャップのある状態になるのはある特定の状況下でのみなのである。

障害者団体に属している多くの人は，過去に「機能障害」と「ハンディキャップ」という言葉の概念について批判的な反応を示していた。この概念に対する印象としては，ネガティブであり，機能がないとい

うことを強調しているようにみえた。そして「活動」と「参加」という表現がこれに代わり使われはじめた。この表現は，個人的な心身機能・身体構造という視点であらわれ，それは機能障害のある人のみをターゲットにしたものではない。これはWHOが導いたICF（国際生活機能分類）と呼ばれる新しい概念として紹介されている。

　すべての人には自ら成長するための活動を行い，快適に生活したいというニーズがある。その活動とは，速やかに移動することや自分自身の身の回りのケア，家事や家計，交友，通学または仕事に関すること，そして余暇活動等であろう。このようなすべての活動においては，情報を得たりアクセスできること，また新しいことを学ぶことや，責任を果たすこと，そして自己決定が必要である。

　「参加する」という意味は，意義のある活動を経験することであり，いつ，どこで，そして，どのように活動するかということである。「参加」とは日常生活における個人的な関与（関わり）を経験することでもある。これは以下のような事柄により参加の程度が計られる。

- どのように自分の身体が機能するのか。
- どのような状況において，自分自身が安全であり自分でコントロールしていると感じるのか。
- どのように環境がデザインされ，何がバリア（障壁）で，どのような設備・支援があるのか。
- どのような姿勢・態度を周囲の人々がもつのか。

支援者がもつべき関心

　もし障害のある人が1人で活動したり，参加できるようならば，本人がそれを行うためにどのような能力をもっているのか，実際に何ができるのか，そして，それが本人にとっていかに重要であるのか，それらを見つけ出すことに支援者側は関心をもつべきであろう。なぜならば，すべての人々はその時々において，異なったレベル，領域，そして異なった状況下において限界を感じることがあるからである。つまり人は個々の状況において「ハンディキャップ」を感じ，参加への限界を感じるのである。

　機能障害のある人は，多くの場合は，たいていの作業を問題なくうまくこなしている。そして，その時点においては参加への限界はないといえよう。では，どのような状況において，また何が問題を発生さ

第Ⅰ部 解説・実践編

たとえば，ある知的障害のある人は，居住者案内板に写真やピクトグラムの支援があるおかげで，自分で名前を見つけ出すことができる。この状態は本人がコントロールできていて，そして問題なく実行できるということである。

せているのか，つまり，機能障害のある本人の参加を拒んでいるものを見つけ出すことが大切なのである。そして本人が自ら参加していると実感することが重要なことである。つまり，どのようにして彼または彼女が，その状況を評価（判断）しているのかである。それを見つけ出すためには，あなた方支援者が本人に聞かなければならない。しかし一方で，実際には本人は行えるはずのいくつかの活動を，日常生活では実行していないかもしれない。そのような時には，その理由を見つけ出すことが重要である。このような参加に関する視点はすべての機能障害についても有効であろう。障害のある本人がどのような状況なら参加できるのかを，支援者は常に把握できるように，本人の日常における機能障害について知っていなければならないのである。

参加の頻度

車椅子を利用している人でも，ラジオを聞いたり，新聞を読むことは問題なくできるだろう。しかし一方で，その人がエレベーターや昇降機のない建物の3階に住む友人を訪ねる場合には，そういうわけにはいかない。また，知的障害のある人にとって，3階に上がることは問題ないかもしれないが，そこで正しいドアを見つけることが困難かもしれない。もし字が読めないならば，きっとそこにはたどりつきに

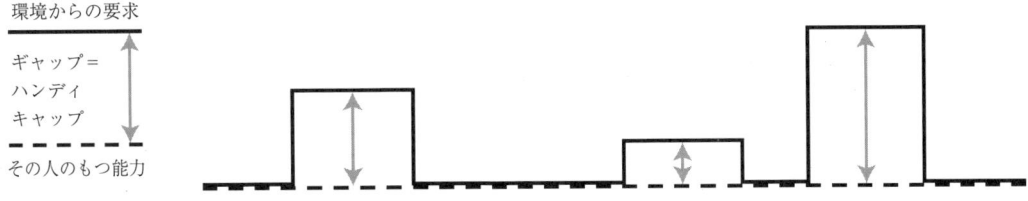

図1-1　環境への適応について単純に説明したモデル

多くの状況においては参加ができているが，障害のある人が1人で実施できるかどうかは，常に当人のコンディションと周囲の環境状況に左右される。このモデルにおいて実線のラインは環境からの要求であり，点線のラインは個人のコンディションである。

くいだろう。そうやって支援者は本人が参加できていないと感じる状況を見つけるために，日常生活で本人が経験する状況にひそむ機能障害ゆえの困難，本人にとっての機能障害の意味，そして本人が変えたいと望む状況を把握しておかなければならない。そして本人の能力と環境について検討し，その支援方法を提供する。そうすれば，たとえば視力の弱い人は，画面拡大機能のあるパソコンを利用することができ，以前よりも容易に読むことができるかもしれないし，移動や立ち上がることに困難のある人は，自分の手の届く高さに調節できる食器棚を使うことができ，より簡単に食器を取れるようになるだろう。

知的障害のある人とは

すでに述べたように，スウェーデンでは知的障害のある人は，その機能障害ゆえの困難な事柄について支援を得る権利がある。そのために，支援者は本人が理解できる状況を把握し，本人の要望（願い）や自分の障害についてのおおよその理解，そして本人を取り巻く環境について調べる必要がある。これらの結果から適切な支援方法が計画されるのである。

たとえば，支援者はさまざまな環境へ適応するための方法を検討したり，どのように特別な支援方法・機器が提供できるのかという視点に基づき支援しなければならない。知的障害者に関わる仕事をする人々は，機能障害に関する知識とその障害の状況が彼らの日常生活にどう影響しているのかの基礎知識をもつ必要がある。どのようにその調査と観察を実施し，そして，ニーズを満たすために障害をどのように補うのか，また，本人が自分自身の日常生活をコントロールできるよう促進することが必要である。

第Ⅰ部 解説・実践編

スウェーデンの法律では

　スウェーデンにおける障害者の法的権限は，障害のない人と同じ権利があること，機能障害による特別なニーズがあるということを示している。スウェーデンのLSS法は，他の法律を補完する法律である。この法律において機能障害者は彼らの特別なニーズに対する特別な権利があるとしている。他の法律として「社会サービス法」「医療保健法」等があり，これらの法律においても，すべての市民がサポートを得る権利があると規定されている。国の障害者計画は「患者から市民へ」として，すべての人たちが社会と環境にアクセスできることが目的であるとしている。

（1） 100年間の移りかわり

　法律は，人々の生活を左右する。LSS法は，今日のスウェーデン社会がどのように知的障害のある人々のことを考えているのかを示している。そしてこの社会は，障害のある人も障害のない人と等しく社会参加の権利があることを認めている。しかしこのようなことはいつの時代においても同じではなかった。スウェーデン社会の知的障害のある人々に対する見解は過去100年間において急激に変化していった。1800年代の農耕社会における知的障害のある人々は，当時，本人に体力があれば仕事を見つけることはできたが，あらゆる困難にさらされて生活していた。

知的障害のある人に対する社会の見方

　1800年代において，仕事をするために読み書きができることは必要ではなく，知的障害のある人々はひっそりと生活していた。産業化と一般教育の発展とともに知的障害者に対する新しい見方が始まった。知的障害はケアによって治療されると信じられており，1800年代の終わり，知的障害者に対する社会の見方は楽観的であった。多くの施設が作られ，それらはたびたび宗教的慈善事業・寄付金により発足され，ケアが提供された。また知的障害者は社会から保護される必要があると考えられていた。

大きな施設におけるケア

　この楽観的な視点は，新しい時代に入り遺伝についての関心が人々

に広まると次第に変化していった。大きな施設が不便な場所に作られ，知的障害者の多くがそこに収容され，社会から隔離されたのである。

1940年代において，新しく人間的な視点が障害者に対して向けられた。そしていくつかのケースにおいて適切なケアと訓練も始められた。

機能障害は訓練されるべき

機能障害に関する古い考え方では，障害のある彼らの生活のすべてのことが訓練の対象であり，それは強制されるべきであると考えられていた。しかし訓練しても彼らの機能障害の限界のために，決して習得されないこともしばしばある。ケアワーカー自身も，その訓練がどれほど重要なのか明確なビジョンをもっていなかった。たとえ，本人がそれよりも何か他のことをしたいと望んでいたとしても。障害のある人は他の人と同じように，ある一定の日常生活を行うための支援サービスを得る必要性がある。また，機能障害のある人は，すべてのことを1人で行うことについて，しばしば長い時間と労力を要する。しかし障害があっても，人は余暇時間やくつろぐ時間，何か楽しいことを行う権利をもっているのである。

社会における統合

1970〜80年代に，知的障害者が社会に受け入れられる権利について深く議論されるようになった。業績達成や生産性は重要ではないとされ，人としての権利を保障することと，情緒的で親密な人間関係のある生活を送る必要性が取り上げられるようになった。知的障害者は一般市民として，社会の中での仕事，家庭生活，余暇時間をすごす権利が保障されるようになった。この議論から，知的障害者は郊外の施設から地域の住宅地に設置されたグループホームに移り住むべきであるという方向を導いた。

社会に知的障害者を統合（インテグレーション）するというこの考え方は1990年代も続き，多くの知的障害者が，グループホームまたはアパートに移り住むことになった。そして大規模な福祉施設の閉鎖につながった。この新しい可能性は，日常生活を自分自身の意思で営んでいくという要求のあらわれを意味した。

たとえば郵便局等の順番機による番号チケットと番号表示のルールは，以前の方法より理解しづらくなってはいないだろうか。

（2） ノーマライゼーションの理念の浸透

　今日，スウェーデンの知的障害のあるほとんどの人が自分達に必要なさまざまなサポートを受けながら地域に住み，仕事や活動を行い，社会に包摂され暮らしている。他の市民と同じような生活状況が送られる大きな要因として，機能障害に対する個人的な特別な支援方法を利用できることがあげられる。同時に知的障害のある個人に対しても，一市民として見なす考えが社会に広がった。今日の社会では，強い体力さえあればできるという仕事は少なくなり，すべての人々が読み書きができることが望まれるようになった。

　たとえばコンピューター，電話等，家庭で使用する家電機器には，障害のある人にとって新たな理解が必要であるという要求が存在する。郵便局にある新しい機能をもつ順番機は，数字で状況を表すので，順番に並ぶという方法よりも新たな数字の理解が必要となる。知的障害のある人の多くは，このシステムを理解することが難しいかもしれない。というのも，数字に関する理解の困難性が大きくなるからである。

機能障害のある人は，自ら行うためのサポートを得るニーズがある

　知的障害のある人が自分の生活について自己決定し，そして他の人

と同じ状態で生活を送れるようにするべきであるという考えに，社会は変化していった。そして，もちろんこれらの考え方により支援者の業務も変わった。今日，支援者の業務は直接な支援をすることに加え「サービスの提供者」としての役割が期待されている。そして機能障害者へのサービスとサポートが必要不可欠なものであるとされている。

たとえば，以下のような状況下では，ある知的障害者はその機能障害により，困難な状況に遭うかもしれない。

- これまで経験したことのない状況におかれること。
- とくに理解，実施，取り扱いに時間がかかること。
- 抽象的な言葉と表現の理解，そしてそれらを使用すること。
- 複数の選択肢を頭の中で保持し，整理し，それらを同時に比較・選択すること。
- 決定の結果を理解すること。

計画すること，決定すること，そして自分の望むサービスを頼むこと，このような事柄についても，知的障害のある人にとっては困難な作業かもしれない。

キーワード

本書では，個人の能力を補うための支援方法の概念を説明する言葉や，関係する言葉を選んでいる。そして，能力を支援するためのサポート製品[5]という表現と，能力への特別な支援方法という言葉を用いた。またワーキングメソッドとそれに関係する支援方法と表現した。困難の理由にかかわらず，認知的な困難を補う方法として認知的なサポート方法[6]がより幅広く利用され，多く存在する。たとえば，成人期になってからの病気や，神経障害，認知症，脳障害など，認知に関して困難のある人は，記憶，計画，理解，そして探索等，障害ではない他の理由で認知的な困難をもっていることがある。

→5) スウェーデンでは，能力をサポートするためのさまざまな機器が製品として売られており，公的機関等が購入し，LSS法等により必要な人に貸借される。

→6) 人が外界にある対象を知覚し，それが何であるかを判断したり解釈したりする過程をサポートする方法。

第Ⅰ部 解説・実践編

数字の理解が難しい人にとって，工夫された窓口は，その人をスムーズに行動させることができる。

サービスに関しての契約書がこのように示されれば，何が決定されたのかが理解しやすく，良いサポート方法である。

（3） 日常生活における能力を支援する方法

　知的障害のある人は，自分が何を頼むことができるのか，どのような選択肢が自分の日常生活にあるのか，ということについて知る権利がある。そして，その情報は本人が理解できる方法で提供されなければならない。もし本人がそれを理解できれば，自分が決定できるものとして利用できる。支援者の仕事としては，情報を本人にとって利用しやすいように，言葉による通訳やさまざまな具体的な形に翻訳（たとえば文章を絵に変換）することが重要だろう。

本人が自分の生活について影響力をもてるか
　知的障害のある人は，自分の生活に関して決定権がもてるのか。具体的には，彼らがどのようなサービスを望み，どのような家に住みたいと思っているのか，どんな食事をしたいのか等，また，それらが実際に反映されるのかがある。このような日常的な事柄は大きな問題であろう。

支援者としての2つの重要な仕事
　支援者の仕事として主要な業務は，次の2種類がある。

① 本人が望むサービスを提供すること。
② 本人が自分自身で行いたいことをマネジメントすることと，その可能性を本人に提供すること。

　それは本人がさまざまな環境に適応できるようにすることや，特別な支援方法を提供することであろう。正しいサポートとは，生活における困難な状態にかかわらず，その特別な支援方法を受けることによって，本人が活動的で自立した生活を送られるように導くことだろう。

第Ⅰ部 解説・実践編

作業・練習課題

役　割

（設問1）　職場である各種の施設やグループホームの支援業務のなかで，古い考え方の影響をうけているものは何かを考えてみよう。

（設問2）　支援者は知的障害のある本人に対し，どのような役割を行っているのだろうか（たとえば，母親，友人，リーダー，サービス機能，アドバイザーなど）。

（設問3）　知的障害のある本人から支援者であるあなたに，どのような役割が求められるのだろうか（たとえば，雇用者，ケアの提供者，同僚，指導者など）。

（設問4）　仕事に影響を与えるさまざまな役割について，どのような考え方がグループ内にあるのだろうか。その例を挙げてみよう。

権限と責任

（設問1）　グルーデンさんはグループホームに住んでいる。彼女はある晩パーティに着ていく服を自分自身で選びたいと考えた。しかし彼女が選んだ服をみて，支援者は色とデザインが合っていないと思った。支援者はその奇妙な服のせいで彼女が街中で変に目立つと考え，より似合う服に着替えるように彼女を説得しようと試みる。

　　a）このような状況において，あなたが支援者ならどのようにするだろうか。
　　b）支援者として，あなたはどのような判断を本人に伝えるだろうか。
　　c）本人は何を決定でき，支援者は何を決定できるのか。
　　d）支援者は権限を放棄することができるか。
　　e）サポートと管理監督の間の境界はどこにあるのか。

（設問2）　カッレ君は，デイサービスセンターを利用し，そこで日中活動を行っている。そこでは週に1回，友達と支援者とで一緒にバスに乗り，店に買い物に行くことになっていた。しかしある日，支援者の人数が足りないために，カッレ君と友達は店に買い物に行けなくなった。カッレ君は支援者に自分1人で買い物に行けると提案したが，支援者はダメと言った。なぜなら，カッレ君は2年前に，1人で街に行ったときに道に迷ってしまったからである。

a）あなたが支援者ならどのようにするだろうか。
b）支援者には，どのような責任が発生するだろうか。
c）本人がミスを犯すことを知りながら，あなた（支援者）はそれを認めることができるのか。また，それはどういう場合か。

第2章

困難な状況と環境からの要求

本人に対する環境からの要求レベルを下げることにより，
またはその要求と協調できるような良いコンディションを
本人に提供することにより，
日常生活における参加の度合いが高まる。

環境とのギャップを小さくさせる支援

　1章で述べたように人の可能性は個人の資質と環境により異なる。ハンディキャップのある状況とは，生活環境で本人の乗り越えにくいほどの高い要求がある時である。この周囲の環境から求められるレベルを下げたり，または，本人に周囲の環境と協調できるような良いコンディションや支援を提供することにより，支援者は，その問題（困難度）を小さくさせたり，完全に消滅させたりすることができる。人のコンディションは，その活動における一過程（ステップ）に生じている困難性を補うための特別な支援方法を提供したり，本人がそれを利用することにより変えられると考えられる。知的障害のある人は，その機能障害を補ったり，認知を補う方法を利用するニーズがあり，もし本人に他の機能障害があれば，その機能障害に合った特別な支援方法が必要とされる。本人の能力や才能に応じた特別な支援方法の提供が重要なのである。

本人の能力に合わせた状態

　状況は，しばしば多様な方法により，本人の能力に適応化される場合もある。

　たとえば，

- 一週間のうちのある日を掃除の日として決める。そうすれば，本

適応化された状況の例：掃除の方法が，その活動のステップごとにイメージ（イラストや写真等）によって表現されたもの。どの日が掃除の日かを示している週間スケジュール表等を壁にはる。

人は自分がいつ掃除をするのが適当か決める必要がない（状況から判断するという要求を低下させる）。
- 本人に，どのように掃除をするべきかをはっきりと各ステップごとに表現した絵（特別な支援方法）を提供する。このように掃除を表すイメージの利用により，本人の能力にあった理解しやすい状況となる。

知的障害のある人が，可能な限り日常生活において自立するために，支援者は，次のような事柄を知っておくことが重要である。
- 本人の日常生活環境において，どのような状態が，本人の能力・才能以上の能力を必要とするのか。そしてハンディキャップのある状況を生じさせているものは何か。
- どのような能力・才能が，個々の異なった状況で求められているのか。
- 本人にはどのような能力・才能があるのか。

（1）新たな認識を得る

実践の行程

この章では，いくつかのフォーム（様式）と支援の実践とともに，障害のある人の日常生活における自立の実際を見つけ出してみよう。また，ここでは本人の能力・才能の見つけ方，そして，本人の能力・才能に対して存在するさまざまな障壁となるものについて提案をする。これらの提案を実施することにより，わたしたち（支援者）の認識はより高まり，そして本人の日常生活における自立を促進する方法を得

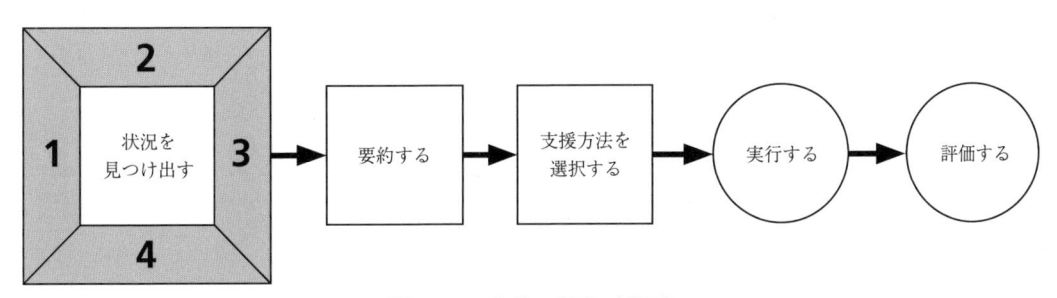

図2-1　実施の順番（計画）

どのような周囲の困難状況が本人のハンディキャップとなっているのか，そして，本人の生活環境においてどのような困難状況があるのかを見つけ出す。次に状況の要約を作成する。どのような状況の解決を優先するのか，または解決しやすい問題はどれなのか，そして，その解決方法・手段を選択する。そして支援方法・手段を実行し，最後に評価する。

第Ⅰ部 解説・実践編

るだろう。このメッセージは本書における重要な部分であり，この章では，ワーキングモデルを習得し，理解を促すためのいくつかの学習の機会が設定されている。それらはインタビューの実践から始まり，分析，そして評価で構成されている。

① さまざまな日常生活における自分自身の自立について，障害のある本人がどのように思っているのかを見つけ出そう（フォーム〔様式〕1）。
② あらゆる日常生活において，支援者が思う本人が実行できそうな自立はどのようなものなのかを見つけ出そう（フォーム〔様式〕2）。
③ 日常生活において，本人が自分の能力・才能をどのように利用・発揮しているのか見つけ出そう（フォーム〔様式〕3）。
④ 本人の能力・才能を活かすさまざまな状況において，どのような困難があるのかを見つけ出そう（フォーム〔様式〕4）。

正当性・守秘義務への留意

あなた方支援者はさまざまな評価を行うにつれて，知的障害のある個人または多くの人の情報を得ることになるだろう。その際，集められた情報は正しい目的に使用され，守秘義務を守って利用・保管されることが重要である。そして，この評価が個人の日常生活における自立の促進のために行われるべきであること，支援方法を決めるためだけに使用されるべきであることを覚えておく必要がある。つまり，集められた情報は，この目的のみに正しく利用されるべきなのである。

1　本人による自立の評価
――本人はどう思っているのでしょう――

　日常において，障害のある本人が自らできる経験をできるだけ積むためには，本人がどのように考えているのかを支援者が把握することが重要である。本人がどのような活動を日常的に行い，そして，どれだけ自力で実行できると考えているのか。本人がどのような活動を望み，そして，自立して行うこととしてどの活動が一番重要だと思っているのか。彼らは日常生活でどのような経験をしているのか。支援者からどのようなサポートを得ているのか。それらについて聞いてみましょう。

支援者による評価
- 家・余暇活動・仕事（活動）場で，本人が自分で行っていると思うものは何か。
- 本人は，さまざまな活動について，どれくらい自立していると考えているのか。
- 本人が，より自立したいと望んでいることは何か。
- 本人がしたくないことは何か。
- 本人がたびたび行いたいと思っていることは何か。

本人自身による評価
　この評価の目的は，本人がその活動のために何を行い，どのくらいの支援を受けているかということを，本人自ら再認識することである。評価は，支援者や本人と関係する人，または，その他の人と個別に行われる。本人は，自分のことをよく知っている人がなぜこのような質問をするのかと，おそらく奇妙に思うかもしれない。このようなことを避けるには，インタビューは，本人をよく知っていても毎日のようには会っていない者が行うのもよいだろう。この評価を通じて知的障害のある人は日常生活で行っていることについて，どれだけ自立しているのかを認識するのである。そして後の章では，同じ質問に対し，支援者の評価と比較してみる。

第Ⅰ部 解説・実践編

> わたしは自分で朝起きて，着替える

インタビューでは，本人が何を好きなのかを伝えることが重要である。それは，写真や絵などの支援方法を利用するとより説明しやすくなる。

（1） 評価のフォーム（様式）1の形式

フォーム（様式）1は次の3つの部分からなる。
① 「家で」（1：1～1：8）
② 「余暇活動で」（1：9～1：13）
③ 「仕事／日中活動で」（1：14～1：21）

もし評価がグループホームで行われるならば，その場合は①「家で」と②「余暇活動で」が利用される。もしデイセンター（日中活動場）で行われるならば，③「仕事／日中活動で」が利用されるだろう。3つのすべてのパートでは個人で行い記せるようチェックリストが用意されている。

（2） どのようにして評価を行うのか

本人の状況に合わせる

インタビューをするとき，知的障害のある人にとって自分の日常生活を説明したり，自分が何を変えたいと望んでいるのかを説明するこ

とが難しいことがある。このような場合には，イメージを利用するといいだろう。イメージは記憶しやすくしたり，思い出したり，記憶を保持したり，注意を導いたり，選択肢の理解を明白にしたりする。もし本人が質問に答えることが難しいならば，あらゆる説明方法を試してみればよいだろう。本人は，これまで質問されることに慣れていなかったり，自分自身で何を行っているのか，またはどんな支援を得ているのか，スタッフと一緒に何を行うのか等について，一緒に考える経験が少なかったかもしれない。そんなときは説明の方法を変えてみると，他の誰かの質問にも安心して答えやすくなるだろう。

　もしインタビューが難しいときには，日常生活から本人がそのような時にどのようにしているのか，あなたが考えてから，聞いてみることを試みよう。本人がどのように状況を経験し，何を望んでいるのか，特別な状況において支援者が実際に経験することについて答えを得ることができるだろう。フォーム（様式）の項目を，本人の日常生活の実際の時間に照らし合わせてみる。そうすればあなたは同時に，本人が実際に行っているさまざまな活動について理解することができるだろう。これらの日常的な活動を示しているもので，「このなかにあなたが行っていることでしたくないものがありますか？」とか「他にしたいものがありますか？」というように自然に質問することで，彼らの生活状況と結びつけることができよう。

理解に合ったインタビュー

　フォーム（様式）は，第Ⅱ部のフォーム（記入様式・資料編）にある。フォームは多くの異なった活動の例によって構成され，主にピクトグラム（イメージ）で表されている。もし本人がピクトグラムよりも他に慣れているイメージがあるのならば，より本人が利用しやすいイメージやシンボルに変更してみよう。そうすれば本人は理解しやすくなるであろう。これは，一般的な活動の例であって，重要なことは，インタビューを実施する前に注意深くフォーム（様式）を見渡し，本人の理解に合ったインタビューを行うことである。というのは，本人にとって日常行わない活動ならば，質問からはずすべきものもあるかもしれない。もし本人がフォーム（様式）以外の資料を使っている場合，それに対応するイメージ，または本人が読めるならば文章とともにフォーム（様式）を完成させればよい。まずは，本人が理解できる方法で事実が示されるべきなのである。他の方法としては，まず優先され

第Ⅰ部 解説・実践編

るイメージや質問を行い，他のイメージや質問をはずしてしまうこともある。つまり，本人が選んだイメージや質問のみにし，はずしたものについては後ほど本人と話せばよいだろう。

　このフォーム（様式）を作成するためには，コピー機，ハサミ，のり等の用意が必要である。ほかにも，写真や他の実在する物のイメージを補正・調整するためにパソコンを利用することがある。「自分で行っている」「友人と行っている」「同僚と行っている」「支援者と行っている」，そして「支援者が行っている」といったようなフォーム（様式）についてのコピーを作ることもよいであろう。その時に本人が自分自身で印をつけることにより，自ら行っている活動についてどのように自立しているのかを認識することができるだろう（イメージはⅡ部フォーム（様式）末を参照）。

本人に情報を提供する

　本人にフォーム（様式）を見せて，そして，なぜこれを作成するのが良いのかを伝える。そしてあなた（質問者）は，本人が家や余暇活動で，デイサービスセンターで行っていること，そして，本人が行うものについてどれくらいの支援を得ているのか，支援者がそれに対する本人の感想を知りたいと思っていることも伝える。本人が何を自分で行いたいのか，何に支援が必要なのか，したくないものは何か，もっとしたいと思っているものは何か，これらのことについてもたずねてみる。また，このインタビューに参加したくないと答えることも可能であることを明確に伝える。

本人にインタビューを行う

　フォーム（様式）を利用して評価を行う。

　本人に「いつも何をしていますか」と聞いてみる。たとえば家の絵を指して聞いてみる。「家ではいつも何をしていますか」。もしあなた方がフォーム（様式）にあるイメージを使わないで活動についての質問を行うのならば，絵を切り離して，そして本人に「いつも何をしていますか」と聞いてみる。

　たとえば，「家では何をしていますか。その活動はこれらの絵の中にありますか」と聞いたりして，本人に指さしてもらってもよいだろう。もし本人には絵が複雑で理解することが難しいならば，ピクトグラムを利用することもできる。

本人が活動をするにあたり，どのくらい自分一人でしているのかについても聞く。たとえば，「それはあなた自身でやるのか」「支援を受けてやっているのか」，本人と一緒にフォーム（様式）の答えに印をつけるか，または本人に自ら活動を行っているときの自立のレベルと一致するシンボル・絵（自分で行っている，友人と行っている，支援者と行っている，支援者が行っている）を貼るように頼んでみる。
　次にフォーム（様式）1：8，1：13，1：21を利用したインタビューに移ろう。

　すべての活動についての項目を終えたら，次に「あなたが自分でやりたいことは何ですか」と質問してみよう（フォーム1：8「家で」，フォーム1：13「余暇活動で」，フォーム1：21「仕事／日中活動で」）。フォーム（様式）の上の部分に「自分で（やりたい）」を意味する絵の下に四角い空欄がある。これらの四角い部分は，本人が自分でよりやりたいと思っている活動の絵を貼り付けるための場所である。インタビューの間に本人が言ったことやその他の該当するすべての事柄が，これにより示すことができる。
　また「やりたくないもの」についても聞いてみよう。真ん中に×のある四角に本人がしたくない活動の絵を貼り付けることができる。この四角い欄に絵を貼り付ければすべて同じ意味とする。
　最後の質問は「あなたが自分でもっとやりたいことは何ですか」である。フォーム（様式）の最終欄に四角い空欄がある。ここには，本人が他に何か行いたいと望む活動の絵を貼り付けることができる。フォーム（様式）にない絵を使ったり，たとえば写真やイメージなど，他の絵をもってきてもよいだろう。

インタビューの後で
　書き込んだフォーム（様式）のコピーを作って本人に渡しておくと，必要に応じて本人が確認できる。

第Ⅰ部 解説・実践編

→7） 支援者同士で行う練習の場合は支援者を意味し，通常は支援対象者を意味する。

作業・練習課題

（設問1） 「本人による自立の評価（本人自身はどう思っているのか）のフォーム（様式）1を印刷し，すべてのグループスタッフに配ろう。そして，それを見て明らかでないところについて互いに話し合ってみよう。

（設問2） あなた方（支援者）がインタビューしたいと思う人を選び[7]，インタビューする時を決めよう。

（設問3） フォーム（様式）1を利用し，必要ならば活動内容・イメージ等を調整しよう。

（設問4） 実際にインタビューを行ってみよう。

（設問5） 同様に本人にインタビューを行ってみよう。

次の学習課題として

（設問1） どのようにインタビューを行ったのかを互いに説明しよう。

（設問2） フォーム（様式）を利用してのインタビューはどうだったのか。それは難しかったのか，たやすかったのか。もしうまくいかなかったことがあれば，それはなぜかをよく考え，より良い解決方法を見つけ出そう。

（設問3） インタビューの結果を説明しよう。

（設問4） あなた方がこれまでに知らなかったことを見つけたか。それはどんなことだったのか。

　評価は保存しておいて，後の4章の要約（まとめ）に利用しよう。

2 支援者による自立の評価
――支援者はどう思っているのでしょう――

　日常生活の自立を促進するために，障害のある本人が自分自身で何をやっており，そしてどのような支援を受ければよいのかを互いに見つけ出すことは重要である。しかしさまざまな方法で支援する支援者と，そして知的障害のある本人が，実際に自分自身で行うことについて部分的に異なった見解をもつことはよくあることである。

見つけるための評価
- 知的障害のある本人が何を行えると支援者は思っているのか。たとえば，家で，余暇活動で，仕事／日中活動の場で。
- 知的障害のある本人の日常的活動について，どの程度自立していると支援者は思っているのか。
- 知的障害のある本人は，どのような方法で，どんな支援を受けているのか。たとえば，どのように支援者は支援しているのか，本人は特別な支援方法を利用しているのか。
- 支援者は，知的障害のある本人が，自分自身で行えると思っていることと異なった印象をもっているか。
- 支援者同士は，互いに異なった方法で支援していることがあるだろうか。

支援者による評価
　ここでの評価の意味は，支援者同士が本人の生活状況をどのように見ているのかの共通のイメージを得ることである。これはまた，本人が実際にはどのように行っているのかを見つけ出すことが本質であり，つまり本人ができることについて支援者が何かを考えるということは重要ではない。この評価は本人の家庭や仕事／日中活動の場，余暇活動の場にいる支援者たちにより作成される。評価はどのように本人が日常生活において自立を達成しているのか，つまり本人がどれくらいの支援を受けているのか，を支援者が評価する。そして，本人が受けている支援について異なった見解を支援者たちがもっているとしたならば，その背景に何があるのかを時間をかけて話し合うことが重要である。そしてなお興味深いことは，支援者と同じ質問に対し本人がど

う答えているかということであり，Ⅱ部のフォーム（様式）1と注意深く見比べてみると分かる。

　評価は，支援者が，本人が自ら行うのが難しいと判断し，クエスチョンマーク「？」を付けているところを確認することにより評価は可能となる。それはまた支援者がいなくても本人自身ですべてを行っているという状況，その結果が十分に良いかどうか，についての情報もまた，それに対応する印をつけることにより分かるだろう。支援者による評価結果は，本人とのインタビューの結果（フォーム1）とともに，本人の自立促進のために優先されるべき状況と支援を決める助けとなろう。

（1）評価のフォーム（様式）2の形式

フォーム（様式）2は以下の3つの部分より構成されている。
① 「家で」（2：1～2：3）
② 「余暇活動で」（2：4～2：6）
③ 「仕事／日中活動で」（2：7～2：8）

　グループホームでのことについて作成するならば，①「家で」と②「余暇活動で」のフォームが使用される。デイサービスセンターでのことについて作成するときは，③「仕事／日中活動で」のフォームが使用されるだろう。すべての章のリストについては，可能な限り本人が行うことについて書き込まれる。

　フォーム（様式）は日常活動のチェックリストとして構成されている。リストは項目にある活動内容について考え，それぞれの活動の自立レベルをみて進めていく。もし本人が何か他のこと，またはそれ以上の活動を行っているならば，このチェックリストのコメント欄に書き込もう。本人が行うそれぞれの活動，またはコンタクトするもの，その時の評価は，本人が活動を成し遂げるために必要なサポートを，支援者からのどのくらい受けているのかについて作成しよう。

活動の達成における自立のレベル

　以下は，自立レベルの説明である。活動の達成度に応じて1～5，あるいは次項のHをフォーム（様式）2に記入しよう。

1 支援者がすべて行う。
2 支援者が実質的な部分について行う。 
3 支援者が言葉のみで支援を行う。 
4 支援者は家にいるが、その場にはおらず、本人がすべて1人で行う。 
5 支援者はおらず、本人がすべて1人で行う。 

1＝支援者がすべてを行っている状態。
　本人は参加しているが、支援者がすべてを行っている場合。
2＝支援者が実質的な部分についてサポートをしている状態。
　本人は部分的に活動を行っているが、実際的には支援者が活動のいくつかの部分を行っている場合。たとえば、必要な用具を取り扱っている、測定する、計る等。
3＝支援者が言葉でサポートをしている状態。
　本人がすべてを行っているが、困難な部分については、支援者からの質問に答えてもらったり、活動を導く言葉や、ワーキングマニュアルへの指導を得たりしている。支援者は実際には行わないが、本人を背後から間接的に支援している。
4＝支援者はいるが、本人が1人ですべてのことができている状態。
　たとえば支援者は他の部屋で仕事をしている状態でそこにいない、言葉による支援も行わない。
5＝支援者は家に来ていない状態で、本人がすべてを1人で行っている。

特別な支援方法について記載するHの欄
もし本人が特別な支援方法（例：絵、写真、カラーマーク、シンプル

化された表現，テクニカルエイド，他の援助モデル等）を利用しているならばHの欄にチェックをする。

評価フォーム（様式）のコメントを書くスペース
　コメントを書くスペースには，以下のような事柄について書き留めておくことが有効と思われる。本人がどのくらいのサポートを得ているのかインタビュー者が分からない時。同じ作業（活動）に関し，本人がその都度異なった方法で行っている場合。問題が発生した点について何か特別な事情がある場合（たとえば，先導してしまった等）。またインタビュー者が，本人が十分な活動を行うために支援者からとくに留意される支援が必要かどうか，または指示が必要かどうかを判断する時。たとえば，十分に掃除機をかける，ジャガイモは長くゆでないようにする等，本人はおそらく本人自身で行っているとされるが，それが十分であるかどうかの判断が難しいとき，また望む結果を得るために何がなされるべきかについても，このスペースにメモしておくとよいだろう。

（2）　どのようにして評価を行うのか

　まずあなた方支援者自身が，スタッフ同士の中でインタビューを1対1で行ってみよう。インタビューの際に，多くの興味深い質問がきっと出るだろう。インタビューを受ける人は，日常生活で行っていることについて，どのように考え，どのように実施しているのかを，明確な言葉で表現しなければならないのである。そしてインタビューを行う人は，それを理解し，説明し，そして評価フォームの項目の用語に変換することを試みなければならないのである。本人が自立して行っているとされる活動について，たとえば，本人が，ほとんどその活動を行っているが，実質的な支援が必要である（たとえば重要な部分，または難しい部分については支援者が行っている）場合，この自立は2，すなわち「支援者が実際的なサポートをしている」となる。支援者として何をやり，本人自身が何をやるのか，それは実際にどれだけ物事がなされているのかを知るという点で難しいことかもしれない。しかし「わたしは常にその活動について彼をサポートしている」とか「わたしたちは一緒にやっている」というような一般的な説明では充分ではないのである。あなた方はより確実に本人にどのようなサポートが

提供され，そして「一緒に」という実際の意味は何か，ということを見つけ出す試みを続けなければならない。

どのように本人が日常生活で自立しているのかを幅広く知ること，たとえば，ワーキンググループの各メンバーが，サポートする対象の人に対してどのように考えているのか，互いに考え合って意見交換したり，インタビューしあったりしながら意思疎通をすることは支援者にとってより興味深いことに違いない。

インタビューの際に

- 支援者同士で日常的に行っている活動についてインタビューしてみよう。そこに何か欠けているものがないか完成させてみよう。リストに本人がまったく行っていない活動があれば，そこに×印をつける。たとえば余暇活動に針仕事などをまったくしていないならば，針仕事の欄に×印をつける。
- すべての活動を通し，本人がどれだけ自立しているのかをマークしよう。本人の生活で参加できていない活動があるならば，支援者であるあなたは1にマークすることができる。
- もし本人がその活動において何か特別な支援方法を利用しているならば，Hの四角の欄にマークする。
- 必要ならばコメントを書く。
- あなた方支援者がチェックリストを作成したときに，本人がそれほど自立できていない活動はどれかを見てみよう。とくに2や3と判断したところに注目してみよう。

第Ⅰ部 解説・実践編

作業・練習課題

(設問1) フォーム（様式）2,「支援者による自立の評価」を印刷し，スタッフ全員へ配ろう。ともに見て，そしてもし何か不明なところがあれば互いに話し合ってみよう。

(設問2) インタビューの対象となる人を同僚の中から選び，インタビューを行う場面を決めよう。

(設問3) フォーム（様式）2を利用し，その同僚に対しインタビューを行う。

　もし同じ同僚について多くのスタッフがインタビューするならば，次の実施の前にその結果を出し合ってみると良い。これにより結果をよりたやすく比較することができる。また，人によってフォーム（様式）の用紙や，ペンや色を変えるなどの工夫をすると，誰がインタビューをしたのか，また誰がインタビューされたのかがわかるだろう。

次の学習課題として
(設問1) インタビューの結果を発表しよう。

(設問2) 以前にあなた方（支援者）が知らなかったことは見つかっただろうか。
　　　　それはどの活動においてだったのか。

(設問3) さまざまな日常的な活動において，どのように本人が自立しているのかについて異なった見解はあったか，そしてスタッフメンバーとしては，どのようなサポートを提供しているのか。それはどのような場合で，何のサポートか。

(設問4) ① 実際の状況において本人にとって困難なものとは何か。
　　　　② 本人の能力・才能にどのような困難性があるのか。

(設問5) ① 本人はどのような活動をより自立して行いたいと思っているのか。
　　　　② あなた（支援者）は，どのような活動なら本人がより自立して行うことができると思っているのか。

3　どのように能力を活用しているかの評価

　第1章では，1900年代，スウェーデンの社会が知的障害のある人に対し，どのように考えていたのかを述べた。社会の態度は能力を測定することとその方法の活用へと転換していった。1900年代の能力評価は，知的障害のある人々を分類し，さまざまな種類のケアのために活用された。さまざまな知能検査もその評価として一般的であった。

能力評価の新しい可能性

　1980年代に知的機能の視点による能力評価の方法が考えられ，たとえば時間に関すること，数字に関すること，そして個人が日常生活においてどのように知的機能や能力を活用しているかなど，さまざまな領域における個人的能力に関する評価の可能性があらわれた。そして，ハンディキャップと機能障害のレベルとの関連性としての「環境からの要求」と「ハンディキャップと関係する概念」が強調されるようになった。能力評価は，機能障害の結果，低下している能力の一つとして考えられるようになり，知的障害はそれと関連して，能力分析と補うの可能性についてより考えられるようになっていった。

何が能力的機能か

　能力の分析により，評価は行われる。グンナル・シリェーン（Gunnar Kylen）は，FUBと協力し，能力モデルについて発展させた。これは能力の発達段階に関するサーンストーン（Thurstone）の理論とピアジェ（Piaget）の理論モデルにもとづいている。シリェーンのモデルでは，能力機能はもっと幅広い方法で表すことができるとした。シリェーンによる能力評価は，本人が日常生活において，経験にもとづいて能力をどのようにして活用しているのかの情報を得ることであった。つまりこれは，本人の多くの経験が能力をより創造するということである。このように本人の生活年齢や経験が，自分自身の能力をより発達させることができると考える。

→8）スウェーデン知的障害児・者・親同盟

能力の何を活用しているのか

　これまで，本人がどのように能力を活用しているのか，能力への支援とともに現実の認知が再認識されることについて述べてきた。支援

により生活環境の中にあるさまざまな印象が認知され，整理される。5つの異なったカテゴリーとして，①部屋（スペース，空間），②時間，③質，④量，⑤理由（原因）が取り上げられた。

　能力への支援とともに印象は認知され，シンボル化される。絵や言葉で代表されるように，シンボルとは現実のイメージがさまざまな形や表現に変換されたものである。シンボル化は前述した5つのカテゴリーによって分かれている。望みを叶えるために，能力を支援するとともに経験と知識が整理され，それらを操作するという意味である。いわゆる行動化と思考操作といわれるものである。前述した5つのカテゴリーにおいて，シンボルが活用される。能力は生まれてから16〜18歳くらいまでの間に発達する。これらの発達の期間の間に，分類化，シンボル化などの抽象化を行うレベルへと発達する。18歳くらいに達すると，抽象化の概念の発達は大きくはならないが，経験により継続する。つまり，個人の経験などにより，能力はより活用できるように発達する。

時間の理解に関する抽象的能力の促進の例
- 本人の現状，環境に存在するものを理解すること。そこに今，何が存在しているのかについて一般的な見解をもつことができる。

今，私はバスに乗る。

時間の理解の例1：何が今そこに存在しているのかを理解するという一般的な見解。

昨日，ぼくはリンダとダンスした。

明日，ぼくはロッタと会う。

時間の理解の例２：本人に昨日，今日，明日という時間の見解がある場合。

日曜日には女子の競技があるの。

時間の理解の例３：本人に自分の活動とは直接関係のない時間と日時についての理解がある場合。

第２章　困難な状況と環境からの要求

- 一昨日と明後日という概念について理解する。
- 時間についての見解と，たとえば，月曜，火曜等，自分の活動と直接関係のない時間の意味も理解する。

抽象化には，経験が必要であり，それが利用されなければならない。たとえば数字や文字の抽象的な概念を理解しない人であれば，買い物リストは買うべきアイテムの絵によって示されなければならない。もしそのアイテムを複数買う予定ならば，必ずそのアイテムの数だけ示されなければならない。たとえばバナナの絵だけではなく，バナナの房の数だけの絵が示されなければならない。

知的障害とは

知的障害には，同年代の人々より低い抽象化機能があると考えられる。これは本人がより簡易な方法でアレンジをしたり，抽象化したり，経験を利用することが困難であることを意味する。記憶に関しても容量が小さいと考えられる。すべての印象は小さい記憶のプロセスを通じて送られる。記憶の容量が小さいこととは，たくさんの印象を同時に送ることの困難性を意味する。しかし能力障害は，感情，ニーズ，情緒の過程，態度と自信には影響しない。このような機能は，本人が接触する物事との関係性によって影響される。

理論から実践へ

知的障害のある人とともに働く支援者は，能力障害について理論的な認識をもっているとしばしば思われている。しかし，知的障害のある人の抽象化[9)]に関する能力と，日常生活で彼らが行っていることの関係性を見出すことはとても困難なことである。知的障害のある人が感じている日常生活における多くの混沌とした状況，自己決定ができない状況，行動は，障害ゆえにそれらを理解できずに，結果，自分は他の人々から尊重されていないと感じているかもしれない。そのため，知的障害のある人には支援者の協力が必要なのであろう。本人にとって難しすぎたり，簡単すぎる要求を取り扱わなければならないこともあるため，機能障害のある人が自分で日常生活を送るためには，いくつかの部分に対して支援を得ることが重要である。

→9) 抽象化
ここでは，物事の共通点・真理・本質をとらえ，別の物事に置き換えたり，抽象化し，別の活動や物事に応用できる力を指していると考えられる。

第2章 困難な状況と環境からの要求

> 今日，あなたは映画に行くことはできません。支援者のジェニーが病気でついて行けないからです。しかしあなたは多分木曜日には行くことができるでしょう。

> 映画！

> わたしは今，映画に行きたいの。

> しかしそれはできないのです。今日の支援員はわたし一人ですから。あなたは木曜日まで待たなければなりません。そうすれば映画に行けます。

> ジェニーはわたしと一緒に今日，映画に行くと言っていた。

時間の理解の例4：知的障害のある人に計画が変更されたという情報を提供することは，難しい場合がある。このイラストでは，本人が理解できない状況で，支援者は何回も，そして多くの言葉で説明している。そして，それがより本人を混乱させている状況になっている。

時間の理解の例5：絵カードを利用して説明したり，絵のついた週間スケジュール表を利用して支援することにより，計画の変更は説明しやすくなるかもしれない。

45

第Ⅰ部 解説・実践編

支援者の知識と本人の可能性

　障害のある人の多くは，実際には自覚せずに，さまざまな自分の日常生活をうまくこなす方法を経験を通じ習得していることがある。このため本人は障害の状態にはないと考えられる。これは，たとえその状況が変化しても本人がうまく成し遂げることができると予想される。また，たとえばある人は，1人でデイサービスセンターまで行けるとする。しかし，もしバス路線や時刻表が変更されたら，対応できない。このように個々の人の能力機能を知ることにより，要求される状態に対し，より現実的で，そしてその能力障害を大きく補う可能性が見えてくる。

（1） どのようにして評価を続けるのか

　フォーム（様式）1と2の日常生活における自立の評価では，いくつかの活動のうち，知的障害のある人がうまくやることに困難があり，その困難が能力と結びついていることがわかるだろう。そして，その人物がもつ能力を分析することで支援につなげることがきっとできるだろう。評価はまた，本人が理解する手助けとして能力へのサポート方法の基礎を提供することができる。それにより本人は，自分自身で日常生活をコントロールすることができるだろう。それはあなたが支援者として，知的障害のある人が最もよく理解しやすい指示方法やデモストレーションの方法を示すことができよう。知的障害のある人が，いくつかの領域や日常生活において，本人の能力・才能をどのように活かしているのかを理解するための評価がフォーム（様式）3：1～3：24にある。

完全ではない評価

　評価は，いくつかの領域において，個人が自らの能力をどのように活用しているのかを見つけ出すためのものである。しかし，それは完全な評価ではなく，また完全なという意味での能力評価でもない。個人が日常生活において，選択された状況においてどのように自分の能力を活用し，結果に影響を与えているのかの評価である。

（2） 評価のフォーム（様式）3の形式

　どのように能力を利用しているのかの評価は，シリェーンの能力理論（Kylen, 1981）を基礎にしている。いくつかの単純化と制限がなされているので，すべて彼女の理論の項目に沿っているわけではないが，より実践に合うようにアレンジされている。

　フォーム（様式）では，何がその能力にとってよりたやすいのか，何が困難にしているのかを分析する。このワーキングモデルの意図は，知的障害のある人の能力レベルを決定するためのものではない。評価の内容は知的障害のある人々にとって実益的なものとしてアレンジされる。彼らの能力へのサポート方法や特別な支援方法に関して重要な情報を得るために行われるのである。

（3） どのようにして評価を行うのか

　まずはじめに，支援者であるあなた方は，本人がさまざまな日常活動をみずからどのように解決しているのかを知ることである。まず本人が通常，あらゆる状況においてどのように行動しているのかを想像してみる。すでに存在する彼の能力が使われているという多くの情報が，フォーム（様式）により明らかにされる。どのように本人が行っているのかを表現してもらうために，すべての質問は重要である。例をあげて説明してみよう。また，その本人が，さまざまな状況において似たような問題をどのように解決していくのかという例を示すこともまた重要なことである。ある状況において，その能力が身についても，それが他の状況にも適用されるとは限らないからである。

　ある人は，支援なしで5人分のテーブルをセットできるからといって，たとえば，カバンに5つのねじを入れるという動作など，他の状況においても5という数を取り扱うことができるとは限らない。しかし，たとえば彼が5という数字を理解していなくても，1人に1つの皿をテーブルにアレンジして欲しいと頼むことで，5人分のセットができるかもしれない。

　評価は個別に，または仲間と一緒に行われる。あなた方（支援者）

は，おそらくすべての質問にはすぐに答えることができないことに気付くだろう。本人がどのようにして与えられた状況のなかで行動しているのかを確実に見つけ出すには，時間を要するかもしれない。

　ある人は，実際に能力を利用している日常的状況について評価するフォーム（様式３）を使って，提案された例からスタートしてもよいだろう。また本人が，自分の能力を利用する方法を見つけ出すための質問の仕方も提案している。もちろんあなた方は，自然に起こっている状況を独自に選択することで，本人の能力についてより多く見つけ出すことができるだろう。

作業・練習課題

（設問１）　フォーム（様式）３の「能力活用の評価」を印刷し，そのコピーをスタッフ全員に配る。

（設問２）　誰とより詳しく取り組むのか，またはいくつかのパートを選択して準備する。
　　　　　フォーム（様式）３の「能力活用の評価」を作成し学ぶ。

次の学習課題として
（設問１）　あなたが見つけ出したことと，そして実際本人がどのようにしているのかを発表してみよう。

（設問２）　あなたがこれまでに知らなかったことを見つけ出せたか。

（設問３）　たとえばそれはどのようなことか。

（設問４）　本人の自立達成を可能にするために何が行われるべきだろうか。

（設問５）　第４章のまとめに取り組み保存しよう。

4　状況の分析

　すべての日常生活の活動は，さまざまな小さな部分と過程・ステップに分けることができる。いくつかの活動は多くの過程・ステップからなり，また，あるものはより少ない過程・ステップからなる。いくつかの過程・ステップは本人の能力に対して大きな要求であり，また，あるものはより小さな要求である。

　日常的な状況にある多くの過程・ステップの中に1つでも本人にとって大きな要求があると，その活動をうまくこなしていくことが難しくなる場合がある。日常生活における自立をスムーズに進めるためには，どの過程・ステップが困難なのか，そしてどの過程・ステップがそうではないのかを見つけ出すことが大事である。

困難なポイントを見つけ出すために

　状況分析では，本人の日常生活状況のどのようなものが，小さな部分や過程・ステップに分けることができるのだろうか，また本人がそれらを実行するという意味において，どのような過程・ステップに能力的困難性があるのかを分析する。

　ここでの主要な目的は，実際の生活状況において能力的な困難があるとされる過程・ステップがどのくらいあるのかを見つけ出すことと，それらをフォーム（様式）によって書面化することである。まず支援者は，その状況に存在する能力に対する要求は何なのかを見つけ出す。そして実際に，本人の機能的・能力障害の評価と，この状況分析の結果を比較すれば，本人にとって問題となっている状況を見つけ出すことができる。

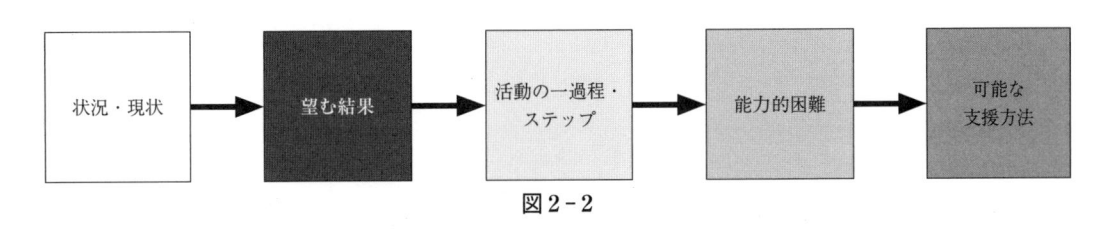

状況・現状 → 望む結果 → 活動の一過程・ステップ → 能力的困難 → 可能な支援方法

図2-2

（1） 評価のフォーム（様式）4の形式

　フォーム（様式）4：1〜4：4は，状況分析の方法を示している。そこには活動項目とその支援に関する検討が含まれている。最初の状況に，分析されるべき活動名を入れ，望む結果を記入する。

　たとえば「支払うこと」における望む結果では，「支払（請求）書で正しい金額を支払うこと」「正しい総額のお金を払うこと」などがある。

　次の作業として，あなた方は本人の実際の状況を構成しているさまざまな過程・ステップを書き記していく。「支払い」についてのさまざまな過程・ステップを書き留め，想像することにより，その人がその活動の各過程・ステップにおいて，どこに困難性があり，どこがそれほど困難ではないか等が分析される。

　さらにフォーム（様式）4は，さまざまな種類の能力的困難について詳細に検討される。たとえば，シンボル，選択，数字，お金，関連性，時間や距離等があげられている。すべてのタイトルにおいて，問題の例示や，質問の例が設定されている。ここではその活動状況下における個人の能力への要求が説明されている。最後のフォーム（様式）4：4は，状況分析の間に浮かび上がってくる支援へのアイデア，すなわち提案をわかりやすく伝えるための可能性を提供する単純化（工夫）と補う方法に関する考えを記入するものである。

2つの事例

　次のページからは，日常生活状況における「コーヒーをつくる」「服を洗濯する」という2つの活動の状況分析の例を示す。この例では，状況分析と可能な単純化への具体的提案がされている。

（2） コーヒーをつくる──状況分析の例1

1

状　況：コーヒーメーカーでコーヒーをいれる。
望む結果：ちょうどよい濃さと量のコーヒーをつくる。

> 自分や仲間のために
> おいしいコーヒーをいれよう。

2

> 必要なものを用意しよう。水、コーヒーパウダーを計量し、それぞれの量を決めないとね。

過程・ステップ（ただしコーヒーメーカーの構造によってステップは異なる）

- コーヒーパウダーを用意する。
- コーヒーフィルターを用意する。
- コーヒーメーカーのポットをもってくる。
- メーカーのポットに冷たい水を入れる。
- コーヒーメーカーのポットに人数分（カップ数）の水を入れる。
- コーヒーメーカーにコーヒーフィルターをつける。
- フィルターに正しいコーヒーパウダーの量を入れる。
- コーヒーフィルターのカバーを閉める。
- コーヒーメーカーをスタートさせる。

3

能力における困難性

①シンボルの利用，分類・区別・選択

　この場合，置いてある場所から必要な材料や道具をもってこなければならない。この状況には本人に対し，数あるカテゴリーの中から品物を選択するという要求があるのか。また，たとえば計算機や計量器を利用しなければならないとか，計算やメモリを読む等の分類（分量）のためのシンボルを理解するという要求があるのだろうか。

　この作業には，分類・区別・選択を理解する要求がある。本人にコーヒーを

つくるための材料や道具の選択が必要である，ということは，いくつかの分類・区別・選択の要求があるという意味である。

> コーヒー2杯には，コーヒーパウダーと水がどれくらい必要かな？

②量・数量，計算，数字
- 正しい量（数量）の取り扱いが必要か？
- 総計（計算）の取り扱いが必要か？
- 数字の取り扱いが必要か？

　まずは，つくりたいのは何人分のコーヒーなのかを知ることである。たとえば，それは1人分なのか，それともデイサービスセンターにいるすべての人数分なのか，または，不特定の多くの訪問者のためなのか。
　次に正しい人数分だけの水の量を入れるために何杯か数え説明する人が必要となる。また同じくコーヒーパウダーの量を正しく計るために数える人が必要となる。最後に，本人が水とコーヒーパウダーの量を道具で計らなければならない。

③お　金
　この事例では該当なし。

④関連性
　その場の状況には多くの活動・行動部分において，原因（理由）とその結果（効果・影響）の関連性を理解することが必要とされているだろうか。
　「時と場合による」という考え方を理解することが必要だろうか。
正しい手順で行わなければならないということを理解することが必要だろうか。

　もしその都度あらゆる人数分のコーヒーをつくるためには，より多くの時間を費やすということと，人数分のカップも必要で，結果的には多くの水とコーヒーパウダーが必要であるということを理解しなければならない。
　この状況ではコーヒーメーカーのポットと水のいれ方を理解する必要がある。たとえば，冷たい水を得るためにはどうすればよいのか等である。
　活動のステップや順序は，望ましい結果になるように，正しい手順で行わなければならない。たとえばコーヒーメーカーは，機種によってはコーヒーポッ

トをセットする前に，水とコーヒーパウダーを入れなければならない仕組みのものもあり，またあるものはコーヒーパウダーを入れる前に水を入れておかなければならない場合もある。

⑤時　間
　この事例では該当なし。

⑥距離・間隔・空間と方角・方向
・必要なもの（アイテム）を見つけるには，それがある場所を探す必要があるか？
・複数の場所にいくつものアイテムが分かれて置かれているということを理解する必要があるか？
・アイテムが互いに適切で関連性のあるところに置かれていることを理解する必要があるか？
・コーヒーパウダー，コーヒーフィルター，コーヒーポット，そして水が出る場所を知る必要があるか？
・また，それぞれが互いに関連性のある場所に置かれていることを理解する必要があるか？

4　単純化と支援への提案

・アイテムのある場所を知る手立てとして，良い構造化・図表化・具体化（絵やマーク，図表などを使って，具体的にわかる工夫）をしておくと良い。
・たとえばコーヒーパッケージの内容の意味をわかりやすく明確に示す図やマークにかえる。
・たとえばその人が理解できるような絵を用いた具体的な作業ステップ・手順の説明を表にする。
・コーヒーメーカーや蛇口の扱い方がどのように操作されるのかを一通り示す表。
・カップとコーヒーの正しい量のところにマークをつけるなど，正しく水とコーヒーパウダーの量を計るために特別な工夫をする。
・他の状況場面でも通用する説明と，コーヒーと水の量を計るためのマークなどの計量の工夫をする。

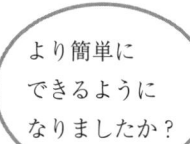

より簡単にできるようになりましたか？

（3） 服を洗濯する──状況分析の例2

1

状　況：洗濯（洗濯機の利用）
望む結果：サイズや色が変わることなく、きれいに衣服を洗濯し、乾燥させる。

> 衣服を縮ませることなく、きれいに洗濯し、乾燥させよう。

2

過程・ステップ（ただし洗濯機の構造によってステップは異なる）

- 洗濯しなければならない衣服を選ぶ。
- 洗剤と柔軟剤を用意する。
- 衣類を色、洗う水の温度、手洗いするもの（またはそうではないもの）、乾燥させるもの（またはそうではないもの）、脱水するもの（またはそうではないもの）に分ける。
- 正しい量の洗濯物を洗濯機に入れる（入れすぎる＝悪い結果になる）。
- 洗濯コースを選択する（たとえばさっと洗いか、そうでないか）。
- 適切な量の洗剤を適切な場所に入れる。柔軟剤も使用するならば、同様に入れる。
- 洗濯機のふたを閉める（またはロックする）。
- 洗濯機の適切なコースと適切な水の温度を選択する。
- 洗濯機を始動する（洗濯にどのくらいの時間がかかるかを予測する）。
- 洗濯がいつ終了するかを予測する。
- ふたを開ける（ロックを解除する）。
- 汚さずに洗濯物を洗濯機から取り出す。

> 洗濯物は分類しないといけないよ。
> 洗濯コースを選んで、洗剤を入れてね。

- 洗濯物を乾燥方法によって分類する。乾燥機に入れる。ハンガーにかける。洗濯物干竿にかける等，それぞれの方法によって乾燥する。

3 能力における困難性

- 何かを読む必要がある状況か？
- 何かを書く必要がある状況か？
- 絵を理解する必要がある状況か？

　たとえば，適切に洗濯するには，水の温度，そして手洗い表示等の衣服の洗濯表示を読むことが必要かもしれない。
　洗濯方法の説明は，表示の絵によってその都度なされているが，洗濯機の洗濯プログラムについて理解することが必要である。

①分類・選択
　たとえば必要な材料や道具を取り出す（もってくる）などの多くの道具の分類から選択する必要があるのか。
　たとえば計器の利用など，カテゴリーの中のシンボルを理解する必要があるのか。

　洗濯しなければならない汚れた衣類と比較的きれいな衣類とを仕分けることが要求されるとき，また多くの衣服の質に関すること，たとえば洗う水の温度や色落ちや質によって分類しなければならないことが要求される。また洗濯物が少ししかない場合などは，他の洗濯のパターンを再選択するという理解も必要である。

②量・数量，計算，数字
- 状況では量（数量）を理解する必要があるのか？
- 状況では計算する必要があるのか？
- 状況では数字を理解する必要があるのか？

　洗濯機に洗濯物の入れすぎを避けるために，本人がどのようにして衣類の量を計るか，支援者は知る必要がある。また正しい量の洗剤と柔軟剤を入れる必要もある。そしてさらに正しい水の温度設定と洗濯機の洗濯コースを選択する

第2章　困難な状況と環境からの要求

ために，本人がどのように数字を理解するのかを知る必要がある。

③お　金
　この事例では該当なし。

④関連性
　さまざまなレベルにおける原因（理由）とその影響（効果）との関連性について理解する必要があるか。
　場合や状況によって異なる考え方をすることが必要な状況か。
　正しい手順で行うことが必要な状況か。

　洗濯物が多いからといって必ずしも洗剤が多く必要ではないことを理解する必要がある。そしてどのようにして洗濯機が開けられ，閉められるか，どのように異なった洗濯コースが機能し，場合によって選択されることを理解する必要がある。
　洗濯には次のように柔軟な理解が要求される。たとえば60℃で洗うべきでも，少しだけの汚れの物なら40℃で洗濯することができるとか，また多くの洗濯物がある場合，優先される洗濯物を選び，何を今日洗濯するのか，どれを次の洗濯日まで待つことができるのかと考える。まず洗濯コースが最初に選ばれなければならない。そして洗濯物と洗剤が入れられ，コースが始動する前に水が入れられなければならないという，正しい手順で洗濯することが要求される。

> セーターを洗うにはどのくらいの温度がいいかな？
> どのくらいの洗剤が必要なのかな？

⑤時　間
・時間通りにすることが必要な状況か。
・時間の間隔について理解することが必要な状況か。
・活動を行うための十分な時間について理解することが必要な状況か。

　もし共同洗濯場を使用する場合，洗濯が終わる間に他のことをするなら，時間を守るということが要求される。時間を決め，予約をし，時間通りに行い，終わることが要求される。つまり，どのくらいの期間・長さで洗濯ができるのかを知る必要がある。洗濯機が回っている間，自分が他のことをできるのかを

知っておく必要がある。

⑥距離・間隔・空間と方角・方向
- 状況では，必要なもののある場所を知る必要があるのか。
- 状況では，アイテムが複数の場に置かれていることを理解する必要があるか。
- 互いに関連性のある物が，いくつもの別の置き場所にあることを知る必要があるのか。

　どこに洗濯物，洗剤，柔軟剤があるのかの場所を知らなければならない。そして洗濯機のどの場所に洗剤，柔軟剤を入れるべきなのか。そして洗濯機を操作するつまみをどの方向に，どれくらい回さなければならないのかを理解することが要求される。

4 単純化と支援への提案

　目的を簡単に理解するために，そしてその目的を達成するための提案。
- きれいに洗うために，本人が理解できるイメージや単純化された説明を行う。
そのためには，
- 洗濯物，洗剤がある場所を図式化・図表化したり構造化・具体化したりする。
- 洗剤や柔軟剤に本人が理解できるような印をつける。
- 本人が理解できる方法で作業の手順を例示する。
- 衣類を購入するときは，たとえば，手洗いする必要のある物や，または乾燥方法にさまざまなプロセスが必要な衣服を買わない。色の少ない衣服にする等。洗濯時にそれほど多くの思考をする必要のないものを選ぶ。
- 本人が自分自身で選択・分類・理解できるような方法を援助する。たとえば，衣類にさまざまな色や絵によるマークを入れる等。
- 必要最低限の洗濯コースのある洗濯機を利用する。
- 洗濯機に色や絵でマークをつける。
- 特別に工夫された計量器や，洗剤や柔軟剤が一定量

より簡単にできるようになった？

第Ⅰ部 解説・実践編

- だけ入るものを用意する。
- いつ洗濯が終了するのか，洗濯中の待ち時間を知らせるための特別な支援方法を整える。たとえば，タイマー付き時計，待ち時間にできる活動を示した絵の利用など。
- 個人用の洗濯機をもつ。共同の洗濯場（機）では，とくに時間の理解が必要とされる。自分自身の洗濯機をもつことは，洗濯機にカラーの印をつけたり，さまざまな自分用の調整機能をつけることが可能となる。

作業・練習課題

(設問) グループのスタッフ全員にフォーム（様式）4の「状況分析」を印刷し，そのコピーを配る。互いに目を通し何か明確でない部分について話し合う。状況分析を実施する。日常的な状況を選択する。支援する対象者がある状況においてどのように行うべきであるかということは考えず，その状況において何がなされたかについてのみ考える。以下のようにフォーム（様式）4の状況分析のパターンを利用する。

- 状況に含まれる過程・ステップのリストアップ化。
- 望む結果について書く。たとえば，正しい枚数のコピーをする，食器をきれいに洗う，ベッドメイキングなど。
- 見られた能力の困難性について書く。
- 支援の方法，または困難性を取り去り，より単純化へ補うための提案について書く。

あなた方は一人で，または何人かの同僚とともに分析を行うことだろう。その時に，新たに発見したことを紹介しあい，意見交換すると良いだろう。おそらくさまざまな過程・ステップ，またはあらゆる方法において気づきを書き留めることができるだろう。最も重要なのは，実際の状況を通じて考えることと，そしてどれくらいの過程・ステップで構成されているかを把握し，またそれを行うために本人の理解レベルに応じた支援の工夫が見直されることである。

第3章

コントロールする
——自分自身で知ること，選択すること，そして決定すること——

「自分自身の生活を自分でコントロールすることは，
自信と動機づけをもつことにおいて大切なことである」

第Ⅰ部 解説・実践編

自立とは

　自立という意味は，自分自身で物事を行うということだけでなく，それをいつ行うか自分自身で決めることでもある。知的障害のある人がどれくらい自立しているのかと考えるには，その人がどのようにしてさまざまな活動を自立して行っているのかを考えてみるとわかるだろう。

　たとえばもしある人が，自分の衣服を1人で洗う場合を考えてみよう。まず洗濯はいつするのか，支援者の援助を得て，いつ洗濯場が使えるのか，ということを知らなければ，おそらく本人は，洗濯することに自分自身が影響力をもたないと考えるかもしれない。ここで取り上げる自立とは，通常言われている事柄や決定というものではなく，まさに自分の生活をコントロールできることを通じ，動機づけと自信を得ることを重要視している。

　これは，まず本人が自分自身で結果に影響できることを望み，そして，いつ，どこで，そしてどのように自分が意義のある活動に参加し，経験できるのかということである。参加とは，生活状況に個人的に関与するということなのである。

自分自身で決定するという意味

　自分自身で決定するということは，知的障害のある人にとって困難なことが連続して起こることかもしれない。自己決定を行うためには，その人が理解できる方法による選択とその可能性に関する情報が提供されなければならない。そして，本人自らその選択の意味を理解しなければならない。つまり，異なった選択が異なった結果をもたらすということ，そして1つの選択をするということは，他の選択肢を放棄しなければならないこともあることを理解しなければならない。たとえば，もし2つ以上の活動を実現するにはお金が十分足りない場合，映画とダンスの両方に行くことはできないということがある。さまざまな選択肢を比較し，そして一番自分の要望に合うものを選択する。これらの決定と比較は，しばしば知的障害のある人にとって困難な場合がある。

今日の見解はどのようであるのか

　自分の置かれた状況が理解できない状態とはどういうものなのかを想像してみると，つまり，その人が生活環境の中にあるさまざまな情

報を理解しないまま何かを決定しなければならない状態かもしれない。それは，自分自身の生活において何かを決定する可能性がないことかもしれない。そのような状況下では，人は怒り，悲しみ，判断力の欠如などに陥るにちがいない。多くの知的障害のある人々が，日常生活において「ノーマル（当たり前）」なこととして，このような経験をしている。知的障害のある人は自分の決定に対して責任をもったり，責任を取ったりするために，能力を身につける機会をもつべきなのである。

選択するために必要なこと
1．まずはじめに，本人が理解できるような方法で情報を提供しなければならない。そうすれば，本人にも結果が予測できるかもしれない。
2．選べるものの土台は具体的な選択肢を見てから選択する。

どのようにコントロールするのか

　本人によるさまざまな選択が可能なとき，そして，自分の生活に自分自身が影響力をもつことができると実感するときに，本人の自信と動機が高められる。知的障害のある人が情報を理解することが難しい

お金が足りず，CDを買うには次の週まで待たなければならない。

自分自身で決定するためには，個人に合った方法で情報が伝達される必要がある。

場合，本人にとって容易に理解できるような情報へ翻訳・変換する支援が必要である。そのようにすることにより，適切に考え，選択し，決定し，活動を行う可能性が得られる。知的障害のある人々が自分自身の生活について考え，吟味するときの，①「フレーム（枠組み）」，②「フォーラム（話し合い）」，③「コンテント（内容）」という3つの異なった視点について以下に考える。

（1） フレーム（枠組み）からの決定

　知的障害のある本人とその支援者は，本人が選択できる範囲についての認識を明確にしておかなければならない。決定できる可能性のフレーム（範囲）は，さまざまな状況に及ぶ。すべてのことを自分自身で選択し，決定できる人はいないだろう。そのなかで，以下のようなどんな人でも，影響力をもたないフレーム（範囲）が存在する。

- 本人の決定権のおよばない範囲とは，たとえば社会の法律や一般的なルールにより作られるフレーム（枠組み）があげられるだろう。もし，労働時間が1週間40時間であると決められている場合，常に同じ支援者が働くようには決められない。
- 特に明記されてはいない社会的相互関係のルール（マナー）として，たとえば「どんなことを話すのか」「知らない人とはどのように話すのか」についてコントロールする必要性がある。
- 他の人々がお互いに影響をうける事柄の決定について，たとえばグループホームで生活している場合，いつ何を食べるかというようなことは，他のメンバーとともに決定されることがある。

　多くの状況においては，人はいくつかのことで何かしらの影響力をもつ。たとえば，何かをする，しないについて，あるいは支援を必要としているか，していないかについて。または彼がいつそれを行いたいと望んでいるのかについて。このように，本人が実際に影響と決定ができるフレーム（枠組み）について，明確にすることが重要である。

「したいこと」を本人が自分で決めることができるのか

　知的障害のある本人がNOといえる可能性についてはどうだろうか。たとえば，彼の家を掃除するときや，グループで遠足に行くとき

などである。

　彼がしたいと望む活動についてはどうだろうか。学習会に行く，自分の家で料理をしたい，などである。個人的な余暇活動やスケジュールは，本人が何をしたいのかの決定権を有することができる。個人的なスケジュールと日課は，知的障害のある本人のニーズと要望が常に第1番目に置かれ，何がコントロールされるのかについて考えなければならない。また，望まれていない日課が続けられることには，十分注意しなければならない。グループホームに住む場合と個人の支援付住宅に住む場合とでは，現実的にも異なる。ここでも日課とその活動方法が計画されなければならない。

- たとえば，本人が，自分自身の家に住んでいるならば，家で起こりうることすべてについて想定した計画をたてなければならない。
- もしグループホームの個室に住んでいるならば，常に全員が一緒にテレビを見たり，一緒に食事をする必要はない。個々の人のニーズと関心が尊重される。

　個人的な態度と活動方法によっても決定の可能性についての影響をもたらす場合がある。
　もし本人が望まない決定がなされた場合，あなたは支援者としてどう対応するだろうか。本人が決定に影響力をもつ可能性について会話による理解が難しい場合，知的障害のある人は混乱をするかもしれない。もしあなたが支援者として本人がもつ決定権・選択権の可能性への提案，または決定について本人が理解できるような情報の伝え方を常に考えていないならば，その説明は危険である。あなたは支援者として，「話し合い」と「情報化」との違いが，実際にどのようであるかについて知らなければならないのである。情報自体は，影響力をもつことがなく，決定したことを知らせるのが目的である。話し合いは，個人が意見を言い，そしてそれが結果に影響力をもつ可能性があるということである。しかし，そうして，しばしば話し合いの結果が彼らには伝わっていないのである。

「したいこと」の何を本人は決めることができるのか
　知的障害のある本人が活動を行うために，支援やサービスをどのくらい得られるのかについて，本人自身が決定権をもつことが重要であ

る。自分の力のみでその活動すべてがなされることではないのである。いかにさまざまな活動が形成され、そして個人的な支援が必要なのか、そうでないのかについて本人が同意することが重要である。決定は後に本人が理解できる方法で書面化されるべきである。決定された事柄が本人とすべてのスタッフに周知されるべきである。本人の理解できるように工夫されたサービス内容に関する同意書を作成するという方法は、知的障害のある本人がより自分自身の生活をコントロールできるようにする助けになるだろう。

本人が影響力をもたなくとも情報化されるべきことは何か

本人が決定に影響力をもたない状況でも、情報化されなければならない。支援者に情報が提供されるということは、多くの場合において参加をしているという意識をもつことを意味する。すべての情報が知的障害のある人に理解できる方法で提供され、そして、その情報は本人が見てコントロールできるような形で示されるべきである。

（2） 話し合い──影響を与えるための機会

本人にとっては短期的、長期的な事柄についてさまざまな重要な決定事項や提案が考えられる機会が必要である。短期的な事柄について

グループホームで重要事項を決定するミーティングは、フォーラム（話し合い）としての長所である。

通所施設では異なった内容の話し合いとなるだろう。

　影響力をもつ決定・選択権とは，たとえば「どの服を着たいか」とか，「ラジオを聴きたいか」とか，「どのようにコーヒーをいれたいか」等のケースがあげられる。支援者として，日常生活のすべての状況で，相手に尋ねるべきことを覚えておくことにより，本人が影響力をもつ可能性が高まる。支援者として本人をよく知っていても，「わたしは彼がそれについてどうしたいのか知っているので聞く必要がない」と考えることは危険なことであろう。人は毎日同じ方法で物事を行うことを望まないこともある。もし支援者が尋ねないならば，異なった方法でも，彼が物事を行うことができることに気がつかないこともある。人には，日常生活に影響力を与えるすべての可能性を得るためのサポートが必要なのである。

さまざまな時間的見解についての決定

　長いスパンに対して影響を与える決定は，食物，服，家具の購入，自分の余暇時間で何をしたいのか，自宅でのさまざまな生活時間でどのくらいのサービスを望むのか，デイサービスセンター等でどんな仕事をしたいのか，そして大きな問題として，本人がどこに住み，そして将来どんな仕事をしたいのか，というような事柄があろう。

規則的にその機会が訪れ進められる

　さまざまなテーマと時間的見解について計画するための機会を設定しよう。それはその人にとって理解しやすい方法であること，いつ，何を，彼が選択できる（影響力をもつことができる）機会があるかが大切である。そのための定期的な話し合いの場が設定され，毎回似たような形式でテーマが提案され，また，似たような方法で話し合いが進められるようにする。たとえば，毎週日曜の夜に，週の計画について

の話し合いがもたれて決めることはよいことである。予算を1か月ごとに作るのもよいだろう。半年ごとに本人の仕事を評価し，そして，彼がどのように暮らしたいのかについて毎年カンファレンスをもち，考えることもよいだろう。

（3） 内容——個人の能力に沿ったもの

　選択の機会や現実の情報に影響を与える可能性をもつためには，本人が理解できる工夫と，さまざまな選択肢に関する考慮（配慮）が共になされなければならない。選択を行うには，本人がすべての選択肢を考える能力をもつことが要求され，そのための支援が行われるべきである。たとえば，本人が多くの選択肢の中から選び，同時にそれらを考えることが困難である場合は，内容をまず2つのカテゴリーの選択肢に分けてそこから選ぶのがよいかもしれない。実際に理解できる工夫ということを基本に置くだけではなく，本人が誤った選択をせずに選ぶことが重要なのである。すべての情報の断片において，またはすべての決定について示された内容が，本人の能力に合うように工夫されなければならない。たとえば，ある人にとっては，書かれたもの

支援者と共に自分の家計について話している。本人が決定する機会のある話し合いの例である。お金の絵やさまざまな価格，家賃，食費などについて，シンボル化され図示されたものは，家計について理解しやすくなるだろう。

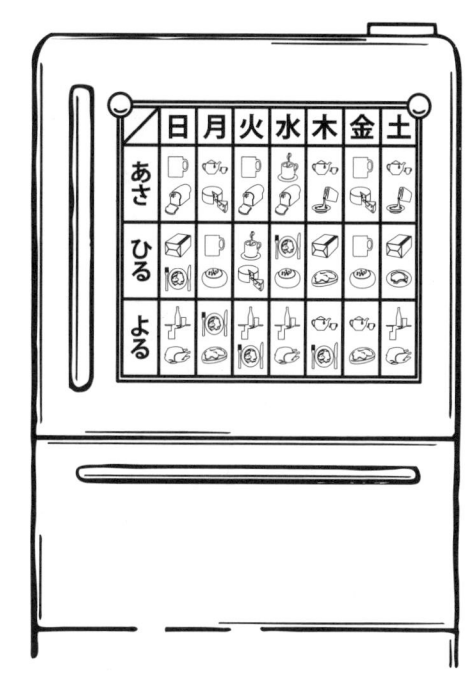

支援者はどのような時間的見解を本人が理解できるのか，考えることができるのか，ということに気がつくことが重要である。左の絵は今日の食事のメニューが何であるかを知らせている。また右の絵は同時に一週間の食事のメニューを知らせている。

ではなく，すべての情報が絵や写真などのシンボルによって示されるということも考えられるだろう。理由（原因）に関することは，具体的に示されなければならない。時間に関する見解は，あなた方支援者が知る限りで，本人が理解できる方法で提示されなければならない。また，選択肢の数は，本人の能力に沿っていなければならない。多くの選択肢の中から選ぶ作業の場合は，本人が自分の頭の中に同時にすべての選択肢を保つ必要がないように工夫をする。絵等によって図示されたり，具体的に示された選択方法ならば，本人に一度にいくつもの選択を示し「はい」または「いいえ」と答えてもらうよりもよいかもしれない。他の方法として，情報化や影響力を与える機会の提供だけでなく，本人の能力に応じた答え方について検討することもまた重要である。

第Ⅰ部 解説・実践編

　数字や番号は個人の能力に適していなければならない。本人が旅行のカタログをもち，そして支援者は「どこに行きたい」と尋ねている。本人はすべてのきれいな写真を指差している。これは本人が同時に多くの選択肢を考慮して答えるのが難しいということが分かる。

　支援者は写真を切り，そして旅行を３つの地域に分け，そして尋ねる。「これら３つの地域から１つ選べます。どこに行きたいですか」。この選択肢の数の方が本人の能力にとって適切なものであろう。

作業・練習課題

(設問1) 影響（参加）することができない状況，そして彼らがなぜ影響（参加）することができないのか，その例をあげなさい。また，デイサービスセンターやグループホームにおいて，本人に情報提供することや何かを決定することのために行われる話し合い（フォーラム）の事例のリストを作りなさい。

- 作業の役割／家・グループホームでの役割
- 余暇時間
- 食事
- 支援者のスケジュール
- 予算（家計）
- 休暇

(設問2) すべての話し合いにおける主要なポイントは何かについて考えてみよう。それは情報提供か，または決定か，リストにマークをつけよう。また，すべての話し合いの内容について考えよう。それは知的障害のある本人の能力に適しているか。どのように情報と決定が文書化され，そして保管されているのかを考えよう。

(設問3) 本人が自分の人生（生活）を考えることについて，本人の理解できる方法でその情報や決定が周知されているかどうか考えよう。たとえば契約書，郵便，スケジュール，献立が，絵等によって明確に見つけ出しやすいように示されているか。リストにマークしよう。

あなた方が作った話し合いのリストの中で，決定に関するものについてマークしよう。そして知的障害のある本人が，自分自身の生活についてよりコントロールができるように話し合うには，どう変えたらよいのか考えよう。

- 選択とさまざまな結果についての情報提供
- 決定といくつかの選択肢からの選択
- 決定と結果の書面化
- フォローアップと評価

次の学習課題として
　日常活動の場や生活の場以外での情報化と，知的障害のある人々が参加する決定に関する話し合いが他にあるだろうか。たとえばハビリテーションの計画，個人的な計画などについて。これらの話し合いに適合化させるためには，どのように項目化され，どのように書面化すればよいのだろうか。

第4章

自　立
――能力をサポートする方法とともに――

「能力をサポートする方法は，本人自らが活動を行うことや，決定に影響力を与えることへ，大きな可能性を提供する」。

第Ⅰ部 解説・実践編

> ぼくは仕事に遅れないように，家をいつ出ればよいのかを知りたい。

> わたしは自分の欲しい物をお金を貯めて買うために，もっとお金について理解したい。

> わたしは自分で朝食をつくりたい。

> わたしは自分で掃除をした時，うまくできたかどうかを自分で知りたい。

　ある人が，あることを解決しなければならない状況にあり，そして能力の支援方法が選択されるとき，知的障害のある人のニーズと希望がその出発点となる。これはとても重要である。そこで広げられる説明は，しばしば言葉によるものと言葉によらないものがあるだろう。それは，まず何が実際の本人のニーズで，何が周囲からのニーズなのかということを考えなければならないからである。

本人のニーズと希望から始める

　支援者や本人と関わる人々は，本人とは違う支援の選択を望むかもしれない。たとえば，支援者たちは，知的障害のある人の能力が，実際よりも本人自身では分からないほど複雑であると考えているかもしれない。しかし支援者には，本人に対しさまざまな事柄を可能な限り分かりやすい方法で示す工夫をする必要と同様に，そこには本人が活

動しやすい環境を提供する責任もある。たぶん，そこではイメージを形であらわしたり，ある状況における始まりから結果への変化を理解しやすくするために具体的に示す，というような支援方法のニーズがあることかもしれない。

　しかし，いずれにせよ，本人のニーズと希望が規準であろう。本人自身が問題について自分自身で決定するのである。もし本人に効果的な方法ならば，本人がその問題について何かを行うことに動機づけがなされるに違いない。情報化と能力へのサポートが効果的であるということは，知的障害のある本人の認知の穴を埋めることであるということが分かる。本人は問題を理解するようになり，そしてさらにさまざまなことに要望をもつことができるようになるだろう。

　知的障害のある人は，特別な支援方法を利用するために学ぶ機会を得るニーズがあるとたびたびいわれてきた。学ぶ機会は，本人がその支援方法の現場を見学することから，実際に特別な支援方法を用いて本人のニーズをカバーするまでにわたる。それらは本人の障害が特別な支援方法によってよりポジティブに，そしてより自立を促進することができるという意味において必要である。またそこには，本人の自立を促進させることができる過程（ステップ）が存在するに違いない。
　特別な支援方法には，たとえば時間の理解についてフォローアップするものがある。本人が特別な支援方法としてタイマーを利用することがこれにあてはまる。本人が特別な支援方法として絵で示されたスケジュール帳を利用することは，スケジュールの理解についてのフォローアップである。本人が誰かに電話をかけるため，電話番号を記録できる機能のついた電話機を利用するというのも，特別な支援方法の一つである。

認知的支援の目的は自立を促進させること
　認知的な支援とは，自分自身で生活をコントロールできるように支援することにより影響化や活動について大きな自立を提供することである。また認知への支援は，誰かが本人をコントロールすることではなく，本人が支援を利用することである。支援者たちはこれまでも構造化（例：周囲の環境を分かりやすく整理したりすること）や決まった手順への導きによって，知的障害のある本人の自立が促進されている経験をしているに違いない。すべてのスタッフメンバーがこのことに

第4章　自立

ついて考え，そして知的障害のある本人の自立を促進するための業務・職務（任務）の変更について受け入れ，考える必要性があろう。

本人にあった特別な支援方法

適切で特別な支援方法とは，物事を容易にさせたり，または知的障害のある人が必要としている支援を保障する。知的障害のある人にとって重要なことは，何が特別な支援方法であるのかを理解すること，それらが簡単に利用できることである。多くの機能をもつ支援方法では，一つの機能しかない支援方法よりも理解することが難しい。しかし一方で，高度で多様な特別支援方法は，じつは新しい特別なことを学ぶことなしに，改良したり，本人の可能性を促進するために役立つという利点がある。それはまた，本人が多くの異なった特別な支援方法を覚えたり，取り扱ったりする必要がないということである。その特別な支援方法の機能を本人が個人的に利用する際，明確に使える状態になっていることが重要である。本人が利用しない機能にはニーズがないのである。

わたしたちの社会では技術的に単純化された物が存在し，しばしば，わたしたちはそれを無意識に使っている。たとえば，わたしたちが頭の中で日数を数える必要がないカレンダーや，自動選局できるラジオ，料理の完成時間を示してくれたり，時間を気にせずともボタンひとつで完了できる，オーブンレンジなどの調理機器などである。同様なものはもっと存在するだろう。これらの単純化は技術発展の結果であり，使いやすいものである。わたしたちは，どのように技術的に機能しているのかを知らないにもかかわらず，このような特別な支援方法や器具（家電製品）を問題なく日常的に利用している。重要な点は，わたしたちはどのようにこれらの利用方法を理解し，そしてわたしたちの生活をどのようによりたやすくしているのかという点である。

多くの場合，わたしたちは知的障害のある人々に対し，これらを利用するために，どのような支援に技術が活かせるのかを理解するべきだと求めていることがある。しかし，認知的に良い特別な支援方法とは，抽象化のレベルを提供することを通じて問題なく機能するものである。つまり，支援に用いられる方法は，あらゆるレベルで機能するものでなければならないのである。たとえば，知的障害のある人が利用するコンピューターのプログラムは，イメージの支援で描かれるのみならず，スタートや終了についてもイメージやシンボルで操作する

ことができる。これらのさまざまな機能によって，本人に字を読むという能力の要求は起こらない。

能力への支援のニーズは変更される
　ニーズは変化し，認知的支援もまた常に変更される。また本人はおそらく他の事柄に興味をもちはじめるかもしれない，仕事の内容も変わるかもしれない，より支援の少ない住宅に移り住むかもしれない。知的障害のある人の社会参加が促進し，そしてより本人の能力が補われる可能性の促進，または自分自身の成長による能力機能の発達に応じた特別な支援方法をもつこともあるだろう。これらすべてのことは，能力的支援へのニーズの変更を導くことに違いない。特別な支援方法が現実の本人のニーズを満たしているのか，本人のさらなる発達の可能性を提供しているのか，支援者は，常に本人の変化や要望，シグナルに注意深く耳を傾ける必要がある。

（1）　能力を支援するさまざまな方法

　お金，量，数字やさまざまな単位，読み書き，不規則的な事柄や日常的な関連性，文字や数としてのシンボル，時間の理解など，日常生活で本人に要求される事柄は，あらゆる環境下で起こるだろう。またコミュニケーションの流れの中では，何が重要かを分類・整理するという要求もある。またあるものは，早く記憶するという能力を要求するだろう。これらのことは知的障害のある人々にとって困難な場合がある。しかし，多くの能力への過程（ステップ）を単純化し，その人が理解，対応できるレベルへ適応化することにより，本人の機能を補うことができる。

構造化と具体化
　適応するということは，日常生活をより理解しやすい方法で構造化することである。たとえば，知的障害のある本人が，何が起こっているのかを理解し認識できるために，支援者は常に同じ方法で活動を行ってみること等があげられる。適応化は具体的な方法でその行程を表現することであり，日常生活状況における抽象的な事柄を特別な支援方法を利用することによって具体化することである。特別な支援方法とは，文字で書く代わりに絵で示したり，数字の代わりにその絵の個

第Ⅰ部 解説・実践編

数で示したりして分かりやすくする支援方法である（p. 81の図）。特別な支援方法とはまた，特別な機器を利用することかもしれない。たとえば，何かが起こるまでにあとどのくらいの時間が残っているのかを，光の長さで示してくれるデジタル時計や，いつ食べ物が温まるのかを示す電子レンジのようなものである。

　特別な支援方法は，能力を補う方法である。それらは日常生活において起こっていることを本人に明確にし，理解しやすくさせる。このような能力への支援により，特別な状況における問題は解決につながるだろう。たとえば，電話番号がすでに登録され，ボタンを押すだけで相手の番号につながる電話機は，特別な支援方法である。またたとえば，デジタル時計等もさまざまな状況を単純にしている。これら2つのタイプの支援方法は，知的障害のある人ができる限りの自立生活を可能とするために重要なものである。

（2）構造化という工夫による適応

　ある知的障害者の人は，その機能障害ゆえに時間的理解，時間の方向性，日常的な関連性の理解が困難かもしれない。この場合，本人には自分の生活や環境において構造化への支援を得るニーズがある。構造化は能力を補う方法であり，本人に対して理解を単純化することである。細かい行程等の構造は明確にされる必要があり，具体的かつその人の生活すべてにおいて行動しやすくなる必要がある。

　また本人にとっては，視覚や聴覚，感情等として現れる印象を分類・整理することも困難なことがある。さらにまた，提供された状況のうち，どれが重要で，どれが重要でないのか，異なった印象を分類・整理することが困難な場合もある。

構造化の例
- 1日，または1週間の活動は，可能な限り本人に理解できるように具体化され決定される。はじめが水泳の日，その翌日は家を掃除する日，またその翌日はダンスに行く日と，具体的に日程を組み立てられるようにしてみる。
- 仕事や家事は常に同じ方法で示される。結果的に，本人はどのようにその仕事がなされるべきかを理解できるようになり，それにより自立への道が可能となる。

- 説明はいつも同じ形式で行い，またすべての支援者からも同じ方法で行う。支援者がそれぞれ違った支援方法を行うことは，支援者の個人差があるのでなされるべきではない。
- 台所や仕事場の道具は，常に同じ場所に置かれ，探しやすいように印をつけよう。そうすれば，本人が必要なアイテムを探すために，不必要なエネルギーを使わずに済む。
- 本人がそれらの活動を行うべきかどうかを判断する必要がある場合，日課にして実行すると適切に行うことができる。本人はこの方法により，その時点で何度も決定・判断するという能力的困難性を少なくできる。たとえば，汚くなったらセーターやズボンを着替えることについて，毎日それらを着替えるというようにする。
- 環境において，本人が気を散らすような印象や認知を取り去ることを心がけよう。仕事をするときや，話をするときにはラジオを消す。音楽を聞きたいときや番組を聞きたいときにはラジオをつけるようにする。
- 必要のないものは仕事場から取り去ること。そうすることにより，使われるものだけを容易に認識できる。同じような形のアイテムが複数あると，それらを見分けることをきっと困難にさせるだろう。
- その活動の過程（ステップ）を明確にするための情報化（図表や視覚的表現に置きかえること）は重要であり，そして，それを具体的にすることにより本人を支援する。そして，もし本人の活動を困難にしている特別な過程（ステップ）があるならば，話し合い，それを確認，記録し，それについて気楽に話ができるように努めよう。

（3） 具体化による適応

　知的障害のある人は，その機能障害ゆえにいくつかのシンボルの理解が困難な場合がある。たとえば，文字や数，抽象的な概念（十分だ，手ごろな値段，いかす，しゃれている）を表すさまざまな言い回し等である。彼らには環境をよりわかりやすく理解できるための工夫が必要である。そして彼らに理解されるように情報が翻訳・変換されることが重要である。本人が理解し，参加できるようにするためには，可能な限り具体化された情報が提供され，表現され，話されることが重要である。

　ある人は，いくつかの活動をいつ始めたらよいか，いつ止めるべき

第Ⅰ部 解説・実践編

かを決めることが困難であるかもしれない。問題は，頭の中で描く望む結果と，それが現実にどのように見えるのかを比較することのみならず，行われたことを理解する能力である。たとえば，フロアをきれいに掃除するためにはどんな行程が行われるのかということである。

また，ある人はたびたび，大きな数字を頭の中に印象づけて記憶のプロセスに送ることが困難な場合がある。この短期記憶（数十秒から数分保持される記憶）の容量が小さいことは，その人が同時に多くの情報を保持できないことを意味するだろう。もし，短期記憶が低下している人は，口頭で多くの選択肢が提示された場合，常に選択肢の最後のものか，最後から2番目のものを選択するだろう。なぜならば，それが本人の覚えることができる選択肢だからである。

具体化と記憶のサポート例

- 具体的な時間の説明方法として，たとえば「1時に」と言う代わりに「お昼の食事の後」と言ってみたり，「明後日」と言う代わりに「2回寝たら」と言ってみる。
- 本人とのすべての会話において，必要以上に難しい言葉や回りくどい表現，言い回し等を使用しないこと。
- 短いセンテンスで話し，センテンスの間に短い休みを入れてみる。最も重要な意味の言葉を示し，それを実際に見せたり，サインや絵で示したりすることにより具体化する。
- すべての計画において，たとえば，食べ物，余暇時間，家計などについての絵を利用する。本人が考えなければならない選択肢数についての情報を提供し，そして性急な言葉を使用しない。
- 日課や週の活動表は，本人が理解できるような写真，絵や言葉によって作成された具体的なものにする。
- 何が決定され計画されたかについて，本人が理解しやすい情報にアクセスする方法を用意する。そうすれば，本人は後で確認できるし，コントロールもできる。その情報は，たとえば絵であったり，またはその人が読めるならば単純な文字で作成されたものもある。
- その人が望む結果を得たいときにすぐに決めて行えるように具体的に提示してみる。たとえばテーブルをセットするときの例はこうであるという絵や，木工作業で，木の磨き方はこのようであるとして図示されたものや，視覚的に比較できるものなどである。

新しい技術製品による具体化

　技術の発展と社会におけるそれらの利用が増えるにつれて，その抽象的な内容を理解するという能力への要求が高まっている。

　たとえば商品の価値・値段をシンボル化するアイテムにお金が存在する。そのなかでも，小切手やクレジットカードはお金に変わるシンボルであるが，これらのお金としてのシンボルを理解することは，知的障害のある人には困難な場合がある。またさらに，銀行の窓口等で順番を待つ方法には，列に並び自分の番を待つ方式から，機械的に順番の番号が書かれている整理券を受け取るかたちに変更されたが，これを理解することも困難となるだろう。

　しかし，技術的な発展は，また多くの能力を補う可能性もある。「情報を翻訳・変換する」技術は，理解困難な情報をより簡単に理解しやすい情報に変換することができる。たとえその技術自体の作りが複雑であっても，その技術をシンプルに利用できるのである。知的障害のある人は，その能力を補うための技術を利用することができる。近年，これらの能力を補う特別な支援方法の技術がめざましく発展してきている。

第4章　自立

絵のついたショッピングリストがあれば，本人が自分で必要な数の正しい食べ物を買いに行くことができる。

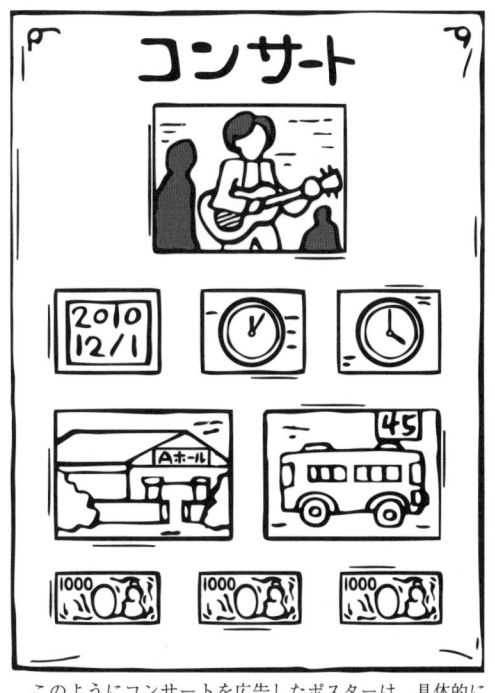

このようにコンサートを広告したポスターは，具体的に提示された方法といえる（具体化）。

第Ⅰ部 解説・実践編

> **シンボルを使用した例**
> - 具体的な表示をするさまざまなタイプの時計。たとえば次の活動までにどのくらい時間が残されているのかを光で輝いて示す時計。
> - 活動が始まる時刻に話したり，または振動して知らせる時計。
> - さまざまな活動の絵のカードをタイマーにセットすると，その活動の手順が表示できるタイマー
> - 絵で画面表示されたパソコンは，本人が自分自身で活動の計画を立てたり，どんな天気かを知ったり，どの支援者と活動するのかを予測する可能性を与える。
> - 絵や写真で機能するコンピュータープログラムは，読めなかったり，計算できなかったりする人の買い物リストや，買い物自体が自分でできるという可能性を提供する。
> - 自分の計画を簡単な絵で示したり，タイマーがついていたり，店で支払うお金の計算を分かりやすく示してくれる特別なプログラムのあるパソコンは，活動をたやすくしてくれる。

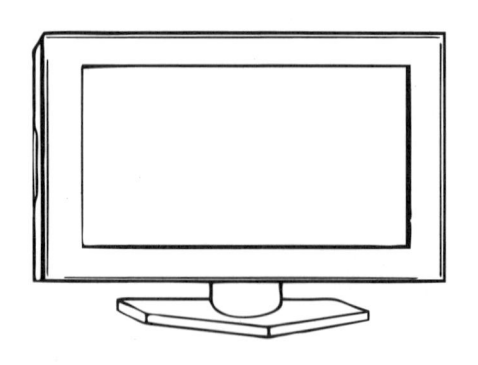

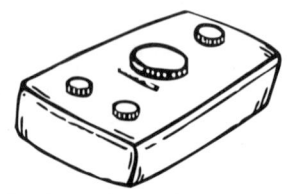

工夫されたテレビのコントローラーは，本人がチャンネルを変えたり，スイッチのオン，オフするのを簡単にさせる（適応化）。

（4） 要　約

以下に関連するものを調べてみよう。

- どのように本人の自立が行われているのか。家で，余暇活動で，仕事場で，または日中活動場にて（フォーム〔様式〕1と2）。
- 本人は，何をもっと自分でしたいと思っているのか（フォーム〔様式〕1と2）。
- 本人は，自分の能力をどのように多くの領域内にて活用しているのか（フォーム〔様式3〕）。
- 日常生活上の能力における困難にはどのようなことがあるのか（フォーム〔様式4〕）。

共通の困難性

おそらく知的障害のある人の困難性は，さまざまな状況において類似していると感じられるだろう。たとえば，本人の自立を困難にさせているのは，計算であったり，何かがなされるときの判断だったり，時間を取り扱うことだったり，などである。

日常生活上の困難についての支援を得るためには，インタビューの要約としてのフォーム（様式）5を使用するとよいだろう。

特別な状況における困難性

知的障害のある人にとって，困難は，おそらくいくつかの特別な状況において存在しているということが分かる。本人には，特別な状況における，自分の能力を補うための特別に準備された支援方法（工夫）が必要だろう。

優先順位とその選択

知的障害のある人の日常生活における自立とはどのようなものかという分析は，あらゆる多くの状況下でその解決方法を見つけるのにきっと役に立つだろう。そのように状況を分析することにより，本人の自立をより促進することができうる。たとえば，身体的機能（運動）障害，視覚障害，または経験不足や興味（注意力）不足など，いくつかの困難性は能力によるものであったり，またいくつかはそれ以外の

第Ⅰ部 解説・実践編

ものであるかもしれない。自立の可能性を広げるためには，可能ならば，その困難が能力によるものなのか，他の機能障害・事柄によるものなのかを見極めるべきである。本人にとって，その困難性を生じさせているすべての事柄に同時に対峙することは不可能であろう。そして誰かがいくつかの状況において優先順位を付けることが重要である。知的障害のある人と支援者の双方が，意欲を高めあうためには，家族や他の人々の意見を得ることも重要なことであり，また本人に支援計画とその実施内容の情報を提供することも重要である。

専門家からのサポート

　あなた方支援者が，ワーキンググループ内で自らこのテキストを使って実践，評価分析をはじめるとき，専門家からのサポートが必要なときがあるかもしれない。スウェーデンのLSS法では，知的障害のある人は，相談援助と専門的なサポートを専門家から受ける権利があるとされている。また，作業療法士，言語聴覚士，臨床心理士は，それぞれの専門的方法による分析にもとづいた支援をし，能力へのサポートに関するメソッドや，その選択肢についてのスーパーバイズを行っている。このような専門家と連携して，知的障害のある人への支援の実践を行うことも必要だろう。

作業・練習課題

（設問１） フォーム（様式）５のインタビューの要約とフォーム（様式）６の支援方法の計画を印刷し，コピーする。それらをスタッフ同士で一緒に見直して，そして明確でない部分について互いに話し合おう。

（設問２） フォーム（様式）５を利用し，インタビューを要約しよう。
- 知的障害のある本人が自立していない状況について書きとめよう。フォーム（様式）１（本人自身はどう思っているのか），本人が支援者から支援を受けるものと，フォーム（様式）２（支援者はどう思っているのか）の部分で，あなたが２か３に印をつけたところについて。
- 本人または支援者が変えたいと思う状況について書き留めよう。
- 優先的取り組みが必要なもの，またはいくつかの状況について選択された，解決に必要なものについて，フォーム（様式）５の要約を利用しよう（手始めに，状況において能力的な困難性が主な原因とされるものとして）。

（設問３） フォーム（様式）６を使用し，計画を実行する。
- 選択された状況において，本人が対処することに困難があるものを書き留めよう。
- その困難な状況（過程・ステップ）において，本人がそれをうまくこなすために必要なことは何かを書き留めよう。
- 現実の状況において，どのようにしたら本人の自立を促進することができるのかを書き留めよう。
- 解決方法の評価と実際の解決について，誰が取り組むのか（担当するのか）について書き留めよう。
状況を見比べ，何が能力的困難なのか，そしてどのようにしてそれを補うことができるのかを掘り出すために，状況分析を振り返ろう。またあなたはフォーム（様式）３を利用することにより，本人がどのようにして自分の能力を活かしているかについての情報を得ることができるだろう。

話し合い
- どのような新しい発見と認識が，この教材による作業で得られたのだろうか？
- これらのワーキンググループのメソッドや任務，課題が，今後どのように活かされるのだろうか？

資 料

文献，ビデオ，関連資料

自立は実現できる

わたしたちは自立が実現できることを信じている。
しかしそれには，知識と知的障害のある人々と共に働く
すべての人々との共感が必要である。
それはまた知的障害のある人が，
彼らの機能障害を補うためのサポートと特別な支援方法を得るという
明白な権利が要求される。

「知識のない約束は無意味である。
約束のない知識は危険である。」

ビクター・バイクスコフ（Viktor Weisskopf）（簡易訳）

第Ⅰ部 解説・実践編

◎能力的な障害に関するもの

Nya omsorgsboken
Ann Bakk och Karl Grunewald, 1998.
Liber A B

Begåvning och begåvningshandikap
Gunnar Kylen, 1981.

Hur förståelsen av verkligheten utvecklas
Kerstin Göransson, 1986.
Stiftelsen ala-Handikappinstitutet.

Grav utvecklingsstörning
Kerstin Alm, 1995.

Måttlig utvecklingsstörning
Kerstin Alm, 1995.

Lindrig utvekclingsstörning
Inga Sommarström, 1995.
Människan, omvärlden och psykisk utvecklingsstörning,
ISSN 99-0533197-2

◎ピクトグラムに関するもの

Grafisk design av Pictogram:synpunkter och förslag kring utformning och syntax
Manne Liden, 1999.

Pictogram i praktiken
Kerstin Falck, 2001.

（ビデオ）
Pictogram – en total kommunikation
Kerstin Falck, 1993.
Specialpedagogiska institutet Läromedel

◉LSS 法と権利，自己決定に関するもの

Från patient till medborgare – En nationall handlingsplan för handikappolitiken
Pro 9900079.2000.
Socialdepartmentet.

Handikapplagen LSS och anna näraliggande lagstiftning
Specialnummer av tidskriften Intra, 2003.

LSS- på brukarnas villkor:
Individuella planer
Lars Gustavsson, 2002.
HSO Skåne.

Klassifikation av funktionstillstånd, funktionshinder och hälsa – ICF.
ISBN 91- 7201 - 755 4. 2003.
Socialstyrelsen.

Lag om stöd och service till vissa funktionhindrade (LSS)

Ny klassifikation av funktionstillstånd och funtionhinder temanummer om ICF
Redaktör: Björn Smedby.
Socialmedicinsk tidskrift 2002, häfte 6, sid. 481-572.

◉能力的な障害とその特別な支援方法に関するもの
Det spelar roll vilka bilder du väljer
Bildstöd för personer med utvecklingsstörning
Anders Bond m.fl., 2002.
Trygg med tiden – om tid och tidshjälpmedel
Kerstin Åberg, 1999.
Tänk om...
Gunnel Winlund, 1996.
Om begåvningsstöd för personer med

資料

grav utvecklingsstörning.

Kul i fokus
Lotta Gerenmark och Anna Stentoft, 2002.

Skattkistan
Ann-Christine Andersson m.fl., 2002.
Om begåvningsstöd för barn och ungdomar.
Hjälpmedelsinstitutet.
hemsida www.hi.se

ATT KLARA DET ger självkänsla och självständighet - Hjälpmedel och tips för begåvningshandikapp
Sylvie Danung och Kerstin Åberg, 1998.
Landstinget i Älvsborg/Trollreda.

Hjälpmedel för begåvningshandikappade - behov och idéer
Kerstin Göransson och Lena Hedman-Hallin, 1983.
Stiftelsen ala/Handikappinstitutet.
hemsida www.ala.fub.se

Klara mera med begåvningsstöd
Elisabet Lindström, Birgitta Wennberg, 2001.
Handikapp & Habilitering, Stockholms läns landsting.

（ビデオ）

Makt över Livet, 2002
Rätt stöd - ökad självständighet, en film om begåvningshjälpmedel, 1997
Hjälpmedelsinstitutet.
hemsida www.hi.se

Oanade möjligheter, 1994
Lånas från Hjälpmedelsinstitutet
www.hi.se

På väg
På väg 2, 2001
Riksföreningen Autism.
Beställs från Riksföreningen Autism på

hemsida www.autism.se

（ホームページ）

Klara Mera – center för begåvningsstöd
www.klaramera.nu

**Kråkan Resurscenter för begåvningsstöd
i Kramfors kommun**
www.kramfors.se/krakan

**Trollredas hjälpreda – visar hjälpmedel
och tips för tänkandet**
www.trollreda.vgregion.se

（刊行物）

Allt om Hjälpmedel
– tidskrift, utkommer med 8 nr/år.

Komilogen
– informationsblad om kognition och kommunikation.
hemsida www.hi.se

UNIK
– medlemstidning för Föreningen för
Utvecklingsstörda Barn, Ungdomar och Vuxna.
e-post: fub@fub.se.

Intra
– utkommer med 4 nr/år.
e-post: intra@swipnet.se.

第Ⅱ部

フォーム（記入様式・資料）編

フォーム（様式）1：1

1　本人による自立の評価
―― 本人はどう思っているのでしょう ――

（1）　家で

| 本人の写真を貼る | 本人名 _____ | インタビュー者の写真を貼る | 日時 _____ インタビュー者名 |

あなたが家でやることは何ですか？	あなたはどの程度の支援を受けていますか？		
	自分で行っている	支援者と行っている	支援者が行っている
朝と夜：起床			
服を選ぶ			
服を着る			
服を脱ぐ			
就寝			

家で

1　本人による自立の評価

95

フォーム（様式）1：2

あなたが家でやることは何ですか？	あなたはどの程度の支援を受けていますか？		
	自分で行っている	支援者と行っている	支援者が行っている
衛生面で： トイレの利用			
お風呂やシャワー			
洗顔・洗髪・整髪			
歯磨き			
髭剃り			

第Ⅱ部　フォーム（記入様式・資料）編

フォーム（様式）1：3

あなたが家でやることは何ですか？	あなたはどの程度の支援を受けていますか？		
	自分で行っている	支援者と行っている	支援者が行っている
食事面： 食品の購入			
テーブル・食器のアレンジ，配膳			
洗い・片付け			
パンや菓子パンをつくる			
お菓子をつくる			

1 本人による自立の評価

フォーム（様式）1：4

あなたが家でやることは何ですか？	あなたはどの程度の支援を受けていますか？		
	自分で行っている	支援者と行っている	支援者が行っている
調理： 朝食の用意			
食事の温め 買ってきたおかずや弁当の温め			
食事の調理			
コーヒーやお茶をいれる			

第Ⅱ部　フォーム（記入様式・資料）編

フォーム（様式）1：5

家で

1 本人による自立の評価

あなたが家でやることは何ですか？	あなたはどの程度の支援を受けていますか？		
	自分で行っている	支援者と行っている	支援者が行っている
家事： 掃除機をかける			
床ふき			
拭き掃除			
ベッドメイキング			

99

フォーム（様式）1：6

第Ⅱ部　フォーム（記入様式・資料）編

あなたが家でやることは何ですか？	あなたはどの程度の支援を受けていますか？		
	自分で行っている	支援者と行っている	支援者が行っている
家事： 洗濯機の使用			
アイロンがけ			
植物の世話			
窓ふき			

フォーム（様式）1：7

あなたが家でやることは何ですか？	あなたはどの程度の支援を受けていますか？		
	自分で行っている	支援者と行っている	支援者が行っている
移動： 知っているところへ行く			
はじめてのところへ行く			
家計： お小遣いの取扱い			
預金の引き出し			
請求書の支払い			

1 本人による自立の評価

家で

フォーム（様式）1：8

第Ⅱ部　フォーム（記入様式・資料）編

あなたが自分でやりたいことは何ですか？
（四角の空欄にやりたい活動の絵を入れましょう）

あなたがやりたくないことは何ですか？
（×の欄にやりたくない活動の絵を入れましょう）

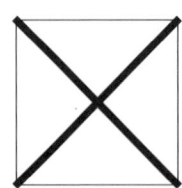

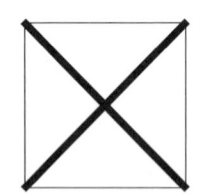

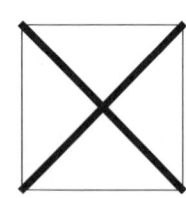

あなたが自分でもっとやりたいことは何ですか？
（四角の空欄にもっとやりたい活動の絵を入れましょう）

余暇活動

フォーム（様式）1：9

1 本人による自立の評価

（2） 余暇活動

| 本人の写真を貼る | 本人名 _____ | インタビュー者の写真を貼る | 日時 _____ インタビュー者名 _____ |

あなたが余暇活動にやることは？	あなたはどの程度の支援を受けていますか？		
	自分で行っている	友人と行っている	支援者と行っている
家で： 活動時間の決定（TVやラジオの番組選択，学習会への参加決定等）			
オーディオ機器等の操作			
パソコンの操作			

103

フォーム（様式）1：10

第Ⅱ部　フォーム（記入様式・資料）編

あなたが余暇活動にやることは？	あなたはどの程度の支援を受けていますか？		
	自分で行っている	友人と行っている	支援者と行っている
家で：つくろいもの			
電話の利用（応対・かける）			
自宅にお客を招く（応対）			
友人宅等を訪問する			

余暇活動

フォーム（様式）1：11

本人による自立の評価

あなたが余暇活動にやることは？	あなたはどの程度の支援を受けていますか？		
	自分で行っている	友人と行っている	支援者と行っている
スポーツ等： 散歩（ウォーキング）			
水泳			
体操，ジム・トレーニング			
室内競技			
ボーリング			
乗馬			
ジョギング			
バッティング			

フォーム（様式）1：12

あなたが余暇活動にやることは？	あなたはどの程度の支援を受けていますか？		
	自分で行っている	友人と行っている	支援者と行っている
文化教養／娯楽： 学習会や文化講座に参加する			
ダンス			
映画鑑賞			
レストランでの食事			
カラオケ			
ショッピング			

第Ⅱ部 フォーム（記入様式・資料）編

フォーム（様式）1：13

余暇活動

1　本人による自立の評価

あなたが自分でやりたいことは何ですか？
（四角の空欄にやりたい活動の絵を入れましょう）

あなたがやりたくないことは何ですか？
（×の欄にやりたくない活動の絵を入れましょう）

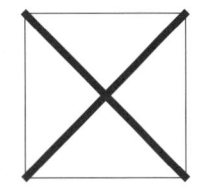

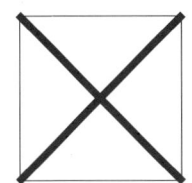

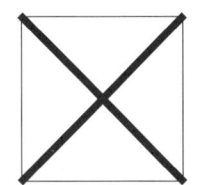

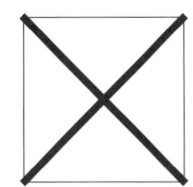

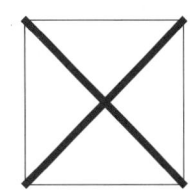

あなたが自分でもっとやりたいことは何ですか？
（四角の空欄にもっとやりたい活動の絵を入れましょう）

フォーム（様式）1：14

（3）仕事／日中活動

| 本人の写真を貼る | 本人名 | インタビュー者の写真を貼る | 日時 インタビュー者名 |

あなたが仕事場（日中活動場）でやることは？	あなたはどの程度の支援を受けていますか？		
	自分で行っている	同僚と行っている	支援者と行っている
調理場／キッチン：パンなどをつくる			
配膳（テーブルのセッティング）			
コーヒーをいれる			
調理			

フォーム（様式）1：15

1 本人による自立の評価

あなたが仕事場(日中活動場)でやることは？	あなたはどの程度の支援を受けていますか？		
	自分で行っている	同僚と行っている	支援者と行っている
調理場／キッチン： 洗い			
レストランでの作業・接客			
事務所： パソコンの利用			
事務仕事（電話の応対，コピー，FAX処理等）			
郵便物を出しに行く			

フォーム（様式）1：16

あなたが仕事場（日中活動場）でやることは？	あなたはどの程度の支援を受けていますか？		
	自分で行っている	同僚と行っている	支援者と行っている
外仕事： 園芸			
森林や公園の掃除			
散歩			
製造・製作： 荷造り，梱包			
組み立て作業			

第Ⅱ部 フォーム（記入様式・資料）編

フォーム（様式）1：17

仕事/日中活動

1 本人による自立の評価

あなたが仕事場（日中活動場）でやることは？	あなたはどの程度の支援を受けていますか？		
	自分で行っている	同僚と行っている	支援者と行っている
製造・製作：陶芸			
木工			
縫製			
印刷			
織物			
絵画，彩色			

フォーム（様式）1：18

あなたが仕事場(日中活動場)でやることは？	あなたはどの程度の支援を受けていますか？		
	自分で行っている	同僚と行っている	支援者と行っている
サービス： 店頭での仕事（接客・作業等）			
清掃			
洗濯			
ゴミ捨て			
植物の世話			

仕事/日中活動

フォーム（様式）1：19

1 本人による自立の評価

あなたが仕事場(日中活動場)でやることは？	あなたはどの程度の支援を受けていますか？		
	自分で行っている	同僚と行っている	支援者と行っている
学習： 読む，書く，計算する			
学習会への参加			
その他： 各種運動コースへの参加			
楽器演奏，歌唱			
乗馬			

113

フォーム（様式）1：20

あなたが仕事場（日中活動場）でやることは？	あなたはどの程度の支援を受けていますか？		
	自分で行っている	同僚と行っている	支援者と行っている
その他： 水泳			
演劇をする			

フォーム（様式）1：21

1 本人による自立の評価

仕事/日中活動

あなたが自分でやりたいことは何ですか？
（四角の空欄にやりたい活動の絵を入れましょう）

あなたがやりたくないことは何ですか？
（×の欄にやりたくない活動の絵を入れましょう）

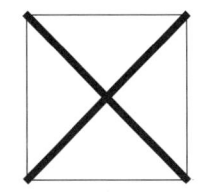

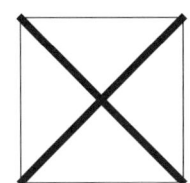

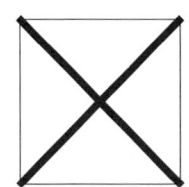

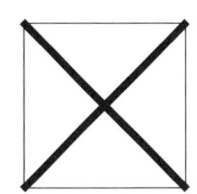

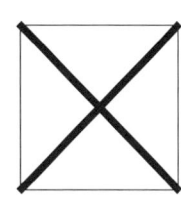

あなたが自分でもっとやりたいことは何ですか？
（四角の空欄にもっとやりたい活動の絵を入れましょう）

フォーム（様式）2：1

2　支援者による自立の評価
―――支援者はどう思っているのでしょう―――

（1）家で

インタビュー対象者名：　　　　　　　　　　支援対象者の名：
（担当支援者名）　　　　　　　　　　　　　（本人名）

インタビュー者名：　　　　　　　　　　　　日時：

	1	2	3	4	5	H	コメント
朝と夜の日常的な行為： 　目覚めと起床							
服の選択（適切さ，統一性）							
季節の服の選択（気温，気候）							
自分自身での衣服の着脱							
就　寝							
衛生： 　トイレの使用							
風呂またはシャワー							
洗顔・整髪							
歯磨き							
髭剃り							

1＝支援者がすべて行っている。
2＝支援者が実質的な部分について行っている。
3＝支援者が言葉でサポートしている（本人は言葉に沿って行う）。
4＝支援者はいるが，本人がすべて1人で行っている。
5＝支援者はその場におらず，本人がすべて1人で行っている。
H＝本人が特別な支援方法，支援機器を利用している。

フォーム（様式）2：2

	1	2	3	4	5	H	コメント
食事： 　食品の購入							
テーブル・食器の配膳							
洗い・片付け							
パンや菓子パンをつくる							
お菓子をつくる							
調理： 　朝食の用意							
食事の温め 　買ってきたおかずや弁当の温め							
食事の調理							
コーヒーやお茶をいれる							
家事： 　掃除機をかける							
床ふき							
拭き掃除							
ベッドメイキング							
洗濯機の利用							
アイロンがけ							
植物の世話							
窓ふき							

1＝支援者がすべて行っている。
2＝支援者が実質的な部分について行っている。
3＝支援者が言葉でサポートしている（本人は言葉に沿って行う）。
4＝支援者はいるが，本人がすべて1人で行っている。
5＝支援者はその場におらず，本人がすべて1人で行っている。
H＝本人が特別な支援方法，支援機器を利用している。

フォーム（様式）2：3

第Ⅱ部　フォーム（記入様式・資料）編

	1	2	3	4	5	H	コメント
移動： 　知っている所へ行く							
はじめての所へ行く							
家計： 　お小遣い（最小限のお金）の取扱い							
預金の引き出し							
請求書の支払い							
その他：							

1＝支援者がすべて行っている。
2＝支援者が実質的な部分について行っている。
3＝支援者が言葉でサポートしている（本人は言葉に沿って行う）。
4＝支援者はいるが，本人がすべて1人で行っている。
5＝支援者はその場におらず，本人がすべて1人で行っている。
H＝本人が特別な支援方法，支援機器を利用している。

余暇活動

フォーム（様式）2：4

2 支援者による自立の評価

（2） 余暇活動

インタビュー対象者名：　　　　　　　　　支援対象者の名：
(担当支援者名)　　　　　　　　　　　　　(本人名)

インタビュー者名：　　　　　　　　　　　日時：

	1	2	3	4	5	H	コメント
家で： 活動時間の決定（テレビやラジオの番組選択，学習会への参加決定など）							
オーディオ機器等の操作							
パソコンの操作							
つくろいもの							

1＝支援者がすべて行っている。
2＝支援者が実質的な部分について行っている。
3＝支援者が言葉でサポートしている（本人は言葉に沿って行う）。
4＝支援者はいるが，本人がすべて1人で行っている。
5＝支援者はその場におらず，本人がすべて1人で行っている。
H＝本人が特別な支援方法，支援機器を利用している。

フォーム（様式）2：5

第Ⅱ部　フォーム（記入様式・資料）編

	1	2	3	4	5	H	コメント
交友： 　電話の利用（応対・かける）							
友人宅等を訪問する							
自宅にお客を招く（応対）							
スポーツ： 　散歩（ウォーキング）							
水泳							
体操，ジム・トレーニング							
室内競技							
ボーリング							
乗馬							
ジョギング							
バッティング							

1 = 支援者がすべて行っている。
2 = 支援者が実質的な部分について行っている。
3 = 支援者が言葉でサポートしている（本人は言葉に沿って行う）。
4 = 支援者はいるが，本人がすべて1人で行っている。
5 = 支援者はその場におらず，本人がすべて1人で行っている。
H = 本人が特別な支援方法，支援機器を利用している。

フォーム（様式）2：6

	1	2	3	4	5	H	コメント
文化教養／娯楽： 学習会や文化講座に参加する							
ダンス							
映画鑑賞							
レストランでの食事							
カラオケ							
ショッピング							

1＝支援者がすべて行っている。
2＝支援者が実質的な部分について行っている。
3＝支援者が言葉でサポートしている（本人は言葉に沿って行う）。
4＝支援者はいるが，本人がすべて1人で行っている。
5＝支援者はその場におらず，本人がすべて1人で行っている。
H＝本人が特別な支援方法，支援機器を利用している。

フォーム（様式）2：7

（3） 仕事 / 日中活動

インタビュー対象者名：　　　　　　　　支援対象者の名：
（担当支援者名）　　　　　　　　　　　（本人名）

インタビュー者名：　　　　　　　　　　日時：

	1	2	3	4	5	H	コメント
主な仕事（従事しているもの）：							
日常的な作業の内容： 　コーヒーをいれる							
仕事場の掃除							
植物の世話							

1＝支援者がすべて行っている。
2＝支援者が実質的な部分について行っている。
3＝支援者が言葉でサポートしている（本人は言葉に沿って行う）。
4＝支援者はいるが，本人がすべて1人で行っている。
5＝支援者はその場におらず，本人がすべて1人で行っている。
H＝本人が特別な支援方法，支援機器を利用している。

フォーム（様式）2：8

	1	2	3	4	5	H	コメント
日中活動／学習会への参加：							
その他： 　書く							
電話							
その日に起こることを予想すること							
さまざまな活動が起こる時間を予想すること							

1＝支援者がすべて行っている。
2＝支援者が実質的な部分について行っている。
3＝支援者が言葉でサポートしている（本人は言葉に沿って行う）。
4＝支援者はいるが，本人がすべて1人で行っている。
5＝支援者はその場におらず，本人がすべて1人で行っている。
H＝本人が特別な支援方法，支援機器を利用している。

フォーム（様式）3：1

3 能力活用の評価
——どのように能力を活用しているか——

（1）シンボルの利用

領　域

シンボルの利用：絵と言葉の理解

能　力

実際の行為は，シンボルにより理解することができる。シンボルは抽象的なものや，反対に実際の行為に類似しているものもある。

利用する領域

　本人が実際に利用している手書き文字や手紙，新聞，その他さまざまな材料を手掛かりに，どのような視覚的（絵画的・写実的）材料なら本人が理解しやすいかを把握する。本人の機能障害を補うサポートのニーズとして，視覚的な材料が使用される。物事を見つけやすくするためのマーク（印），また覚えておくための買い物リストやメモ帳，時間を具体化するための，毎日または一週間のスケジュールがあり，それらは正しい順序で活動でき，また継続できるようにするためのものである。コミュニケーションを行うためには，そのコミュニケーション方法を明確にすると，理解しやすくなる。日記や伝言板等の内容を理解しておくと，結果をコントロールすること（望む結果を予測する）等につながる。

1）本人は，写真により表示された人物やアイテム（物），活動，感情を理解できるだろうか？

　　また，あなたはどのようにしてそれを知るのだろうか？

　　―人物

　　―アイテム（物）

　　―活動

　　―感情

提案

　本人と一緒に写真，新聞，広告等，を見るときに，そこにある１つの写真を指して聞いてみよう。
　「これは誰ですか？」（本人が答えることができるのはどのような場合か？　たとえば，見たとき／指し示したとき／名を言ったとき）。
　部屋の中にあるようなさまざまな物の写真や広告を示して，聞いてみよう。
　「テレビ，DVDレコーダー，りんご，ソファはどこにありますか？」

　新聞紙の中から多くの人が載っている写真を示して聞いてみよう。
　「誰が機織り作業をしていますか？　読んでいる人，走っている人，洗っている人などと質問を変えて示してください」（ただし，それは本人が理解している日常活動の範囲のものでなければならない）。
　そして「誰が楽しそう」なのか，「怒っている」のか，「悲しんでいる」のか，教えてください，とも聞いてみよう。
　本人が理解できるように，写真がどのくらい実際の行為に近いものを再現しているのかについて注意しておくとよいだろう。たとえば，それは白黒写真であるのか，どれくらい大きくてはっきりしているのか，本人専用のシンボルでなければならないのか，またはテレビの映像や，写真で理解することができるのか，等。

フォーム（様式）3：2

2）本人は，絵に描かれた人物やアイテム（物），そのなかの活動，感情，を理解することができるのだろうか？

　　わたしたち支援者は，どのようにしてそれが分かるのだろうか？

　　―人物

　　―アイテム（物）

　　―活動

　　―感情

提　案

前述と同じ方法で，絵に描かれたもので試してみよう。

3）本人は，ピクトグラムによって表された人物やアイテム（物），活動，感情を理解することができるのだろうか？

　　わたしたち支援者は，どのようにしてそれが分かるのだろうか？

　　―人物

　　―アイテム（物）

　　―活動

　　―感情

提　案

前述と同様にピクトグラムについても試してみよう。

すべての人が，描かれた絵とピクトグラムを理解できるわけではない。しかし口頭だけよりも，絵に描かれたものの方が理解されやすいという結果もある（ピクチャーコミュニケーション）。

もし，グループホームやデイサービスセンターの生活に関する絵が身近になければ，この教材に必要な物として購入するのも良い方法である。スウェーデンでは，言語聴覚士等に相談すれば，いくつかの絵を借りられることがある。

フォーム（様式）3：3

4）本人は，言葉のカードによって示された人物や物（アイテム），活動，感情を理解できるのだろうか？

　　わたしたち支援者はどのようにしてそれがわかるのだろうか？

　　―人物

　　―他の言葉

提　案

　本人と一緒に外出して，街の広告や印刷物を見たときに聞いてみよう。スーパーマーケット，タクシー，郵便局，銀行は，どこに書かれているのか？
　本人が知っていると思われる，紙に書かれているいくつかの物の名についても試みてみよう。
　本人の名前やその他の文字についてもたずねてみよう。
　いくつかの名前を示し，「ここに何と書かれていますか？」と聞いてみよう。
　同様に，本人が知っているいくつかの言葉が読めるかどうかについても試してみよう。
　たとえば，「テレビ，コーヒー，ポスト，タクシー」等，本人がたびたび見たことのある物の絵と言葉を使ってみよう。
　たとえば，「本人が認識できるように大きな文字で書く」とか，特別な方法で言葉を見せる必要がある場合は書き留めておく。

フォーム（様式）3：4

要　約
（例を書く）

	写真	描かれた絵	ピクトグラム	言葉のカード
人物				
物（アイテム）				
活動／起こったこと				
感情／その性質				

第Ⅱ部　フォーム（記入様式・資料）編

フォーム（様式）3：5

5）本人は，どのように文字を認識し利用しているのだろうか？

　　どの文字なら分かるのだろうか？

　　どの文字の名前なら読めるのだろうか？

　　大きく書かれた文字と小さく書かれた文字について，何か違いがあるのだろうか？

　　どの文字なら自分で書けるのだろうか？

　　わたしたち支援者は，どのようにしてそれを把握するのだろうか？

提　案

　新聞やその他の印刷物，紙に書かれた文字を見て試してみよう。
　聞いてみよう。「どこに「あ」「い」「う」がありますか？」そしてある文字を指して，「この文字は何と読みますか？」と聞いてみよう。ひらがなとカタカナ，についても試してみよう。本人に，尋ねた文字を書いてもらう。その他の文字についてもそれぞれ数回試してみよう。すべての50音についてもチェックしてみる。可能ならば，本人が知っていると思われるいくつかの漢字についてもチェックしてみる。そして本人にとって，どの文字が確実か，不確実か，について書き留める。

6）本人はどの言葉なら発音できるか？

　　わたしたち支援者は，どのようにしてそれを把握するのだろうか？

提　案

　前述と同様にある言葉を示し「ここに何と書かれていますか？」と聞いてみる。はじめは2文字の短い単語からはじめ，そしてそれがうまくいけば，長い単語に挑戦してみる。本人がどのくらいの長い言葉について発音でき，そしてそれが支援なしでできるかどうかを書き留める。

フォーム（様式）3：6

（2） 分類・選択

領 域
カテゴリーにおける分類・選択

能 力
物（アイテム），人物，活動には特徴があり，さまざまなグループやカテゴリーに分類・整理されることを理解する。

利用する領域
本人の理解を支援するために，世の中のものが分類・整理されていることについての理解の仕方とその特徴を把握する。

1）本人は，類似した性質のものを分類・整理することができるのだろうか？

　　わたしたち支援者は，どのようにしてそれを把握することができるのだろうか？

提 案
　台所や本人の部屋で試してみよう。本人に，きれいなお皿を選ぶこと，または買い物袋をもってくるように頼んでみる。
　また，本人に，自分の洗いたての服を選ぶように言ってみる。もしクローゼットのドアを開けておけば，本人がそれらを見て新しいと比較することができるのか，また，ドアに目印をつけておけば，さまざまな物が整理されている状態を知ることができるのか。これらの工夫の有無で本人の理解がより容易になるかどうか書き留める。

〈注 意〉
　知的障害のある人にとって，しばしば一般的に存在するカテゴリーを理解したり，関連性をもたせることへの判別が明らかではないことがある。また，本人は自分の経験にもとづいて自分なりの分類・整理・選択の方法をもつことがある。あなた方支援者は，さまざまな物や，本人の考え方を示す絵などによりその分類方法を知ることができるだろう。たとえば，あなたがカバンから物を取り出す時，または絵を見る時に，本人はなぜそのように分類・整理したのかを説明することができるかもしれない。また，独自の整理・選択の方法の例として，本人の好きな食べ物，本人の嫌いな食べ物の分類などがある。

フォーム（様式）3：7

領　域
カテゴリーとしてのシンボル

能　力
たとえば物（アイテム）や活動グループは，シンボルによって示すことができる（分類名や総称として別の名で示される）ことを理解する。

利用される領域
本人の理解を支援するために，本人が取り巻く事柄をどのように分類・整理し，その価値を利用しているのかを見つけ出す。

2）たとえば，本人は言葉による正しいカテゴリーとしての（アイテム）を見つけることができるのか？

わたしたち支援者は，どのようにしてそれを知るのだろうか？

例
- 「テーブルウェア」とは，ナイフ，フォーク，スプーンという一般的なカトラリー道具を総称した言葉である。
- 「フルーツ」は，バナナ，りんご，ぶどう等，各果物の名前としてのグループを総称し，シンボル化した言葉である。

提　案

キッチンで試してみよう。本人には何も指し示さずに，見せずに，口頭のみでキッチンのアイテムを用意するように頼んでみる。たとえば本人に，サラダに使う果物と野菜をもってくるように頼んでみる。

一緒に広告や新聞，または絵などを見るときに，デザート，冬用の着物，スポーツ写真などについて指し示してもらうように聞いてみる。

〈注 意〉
　本人がシンボル（総称名）を使用するときに，シンボルがカテゴリーを代表していることを理解していることが重要である。「下着」と記された箱には，下着，アンダーシャツの意味があること，そしてコンピューターにプログラムされたピクトグラムには，多くの異なった物がシンボライズされていることを理解していなければならない。絵はたびたびカテゴリーを明確に表していないこともある。そこで重要なことは，この評価法を進めるにあたって，どの絵を利用したいかを本人が決めることである。そうすれば，本人は自分の見慣れた絵によって，後に自分が探したい，または見つけたい物（アイテム）を見つけることができるだろう。

第Ⅱ部　フォーム（記入様式・資料）編

フォーム（様式）3：8

領　域
色

能　力
色の区別について

利用される領域

もし本人が数種類の色をマークに利用している場合には，どの色なら本人が利用できるのかを把握する。説明や情報が色で示された結果を，本人が理解できるのかどうか，または言葉だけで十分なのか。さらに，本人は色を名称で区別することができるのか，または本人に具体的に示さなければならないのかなども，事前に知っておく必要がある。

3）-a　本人は，他の色と比較して色の区別ができるのだろうか（赤，緑，黄色，青，白，黒）？　それはどの色だろうか？

　　　わたしたち支援者は，どのようにしてそれを把握するのだろうか？

提　案
色を塗るときに，または，着物を選ぶときに試みてみよう。
色を指してみる，その色の物を示してみる。
「この色をもってきて，この色を塗って」などと言ってみよう。

3）-b　本人は，その色の名前を聞いただけで区別することができるだろうか（赤，緑，黄色，青，白，黒）？
　　　では，それはどの色か？

　　　わたしたち支援者は，どのようにしてそれを知るのだろうか？

提　案
上述と同じ状況で，何も指し示さず，見せずに，次のことを言ってみよう。
「ここにも赤色を塗ってください」。「緑色のパンツをもってきてください」。

3　能力活用の評価

フォーム（様式）3：9

3)-c 本人は色を区別し，かつその名称が正しいだろうか？
正しい場合は，どの色のときだろうか？

わたしたち支援者は，どのようにしてそれがわかるのだろうか？

提 案
さまざまな日常場面において試みてみよう。「これはどの色か」と言ってみよう。

要 約

	他の色と比べて	色の名前を聞いて	色の名前をいえる
赤			
緑			
黄色			
青			
白			
黒			

　色を区別できることにより，物（アイテム）の性質を色で区別することができる。同様にあなた方は，本人がアイテムについて，たとえば，形やサイズなどでも区別することができるかどうかということがわかる。

＊原著には「色」についてのフォーム4「状況の分析」はなし。

フォーム（様式）3：10

（3） 量・数量，計算，数字

領　域
量，番号，数字

能　力
現実の生活において，数字は，数ある数量のひとつを表していることの理解。

利用の領域
　数字の理解に関する支援が必要な人に対し，重要な支援のケースとして，次のようなことがあげられる。より具体的な情報，たとえば，料理本，買い物リスト，荷物の準備リスト，テーブルをセットするための働く手順，洗濯方法，などを示すことである。

1）本人は，何か等しいものと比較することにより，数を正確に把握できるか。
　　それはどのくらいの数までか？

　　わたしたち支援者は，どのようにしてそれを知るのか。例をあげてみよう。

> **提　案**
> 　次のことをやってみよう。テーブルをセットするときや食事を作るとき，ゲームをするとき（トランプやサイコロ，その他さまざまなゲームを通じて）に言ってみよう。数あるテーブルのうち「わたしがコップを置いたテーブルの人数分だけ，セットしてください」（または，テーブルクロスをセットしてください）。
> 　紙に数本の線を引いて見せ，この数よりももっとくださいなどと言ってみよう。

2）本人は数字を聞いて，正しい数だけ置くことができるだろうか？
　　どのくらいの数までならできるのだろうか？

　　わたしたち支援者は，どのようにしてそれを知るのだろうか？

> **提　案**
> 　前述した状況と同様に試してみよう。ただし本人には見せずに言ってみよう。
> 　たとえば，「テーブルをセットしてください」「5人」「置く」「3つ」「卵」「ください」「8枚」「カードを」などと簡潔な短い言葉や数字と単語でも説明してみよう。

フォーム（様式）3：11

3）数字を見てから正しい数を手に取ることができるだろうか？
　　どのくらいの数までなら可能だろうか？

　　わたしたち支援者は，どのようにしてそれを知るのだろうか？

提 案

　前述の状況と同様に試してみよう。
　ノートに数字を書き，本人に見せて言ってみよう。
「テーブルをセットしてください」。「置いてください」。「これをたくさんください」。

4）本人はそのアイテムを同時に指し示すことにより，正しい数を言い，そして数えることができるだろうか？
　　どれくらいの数までなら可能だろうか？

　　わたしたち支援者は，どのようにしてそれを知るのだろうか？

5）本人はそのアイテムを見て，頭の中で数えて正しい数を言うことができるだろうか？
　　どのくらいの数までなら可能だろうか？

　　わたしたち支援者は，どのようにしてそれを知るのだろうか？

提 案

　数を見つけ出すことのできる，実際の日常生活の場面において試してみよう。
「これらはいくつありますか？」
　同様に，本人はアイテムを手にもって，または頭の中で足したり，引いたりすることができるだろうか。それは，本人がサポートなしでアイテムの具体化ができることを意味する。

フォーム（様式）3：12

6）本人は，どのように数字を把握しているのだろうか？
　　どの数なら扱えるのだろうか？
　　どの数なら言うことができるのだろうか？
　　どの数なら書けるのだろうか？

　　わたしたち支援者は，どのようにしてそれを知るのだろうか？

> **提　案**
> 　やってみよう。一緒に料理本，新聞（スポーツの結果など），領収書，宝くじ等を見るときに，「3はどこ？　18は？　57は？」等と言ってみよう。そして同時に数字を指し，「この数字は何？」と聞いてみよう。そしてあなたが言ういくつかの数字を書いてもらおう。

7）本人は，どのくらいまでの数字を数えられるだろうか？

> **提　案**
> 　「あなたはどのくらいまで数えられますか？　数えられるだけ数えてください」と言ってみよう。
> 　実際，本人がどのくらいまで数えられるのか書き写し，すべての数字がそこにあるかどうか確認する。
> 　あなたが以前に書き留めた，本人が理解していると思っていた実際の数字と比較してみよう。これは実際に書かれている数字を，本人がどのくらい理解しているかを意味する。数える能力と，実際に数字の意味を理解するということとは同じではないことに留意しよう。

フォーム（様式）3：13

（4）お金

領　域

お金

能　力

社会における品物やサービスには，さまざまな異なった価値が決められており，そしてその価値が，お金によって表されていることについての理解。4や5といった数字の理解と，コインや紙幣というお金の形状，単位についての理解。支払う意味としてのお金の使い方についての理解。

利用する領域

本人に必要とされるサポートを提供するには，具体化や絵による特別な支援方法が計画され，本人が家計を取り扱ったり，お金を取り扱う活動（喫茶代の支払いやその他の売り買い等）が計画される。

1）本人は，硬貨と紙幣との関係性，きまり（仕組み）について，関連づけて考えることができるだろうか。

　　　わたしたち支援者はそれをどのようにして知るのだろうか？

> **提　案**
> 　本人が買い物をするとき，郵便局に行くときに，また本人がお金を取り扱う機会に「100円（2000円）はありますか？」「もっていますか？」などと聞いてみよう。

2）本人は，硬貨と紙幣の正しい名前を言えるだろうか？

　　　わたしたち支援者は，どのようにしてそれを知るのだろうか？

> **提　案**
> 　上述した同じ状況で試みる。ある紙幣，または硬貨を示し，「これはいくらですか？」または，「これは何といいますか？」と聞いてみよう。

フォーム（様式）3：14

3）本人は，どれが硬貨でどれが紙幣であるかを知っているだろうか？
それぞれの価値の関係性についてはどうだろうか？

わたしたち支援者は，どのようにしてそれを知るのだろうか？

提 案
　上述と同じ状況で，硬貨と紙幣の2種類のお金を比較してみることからはじめよう。
　「どちらのお金がより多く買えるのか」，または「どちらのお金がより価値があるのか」を聞いてみる。
　もしうまくいくようであれば，すべての種類のお金についてもやってみよう。そして本人にそれぞれのお金がもつ価値の順に並べてもらう。
　「どちらのお金がより少ないか」や「どちらのお金がより価値が低いか」等と聞いてみよう。

4）本人は，おおかたの硬貨と紙幣が，実際の価値をもつことについて知っているだろうか？

わたしたち支援者は，どのようにしてそれを知るのだろうか？

提 案
　上述した状況で同様に，ある紙幣，硬貨を指して言ってみよう。「これであなたは何が買えますか？」　また本人が買った経験がある物の価格についても聞いてみよう。「ヨーグルト，チョコレート，ケーキ，CD，ジーンズは，いくらですか？」

フォーム（様式）3：15

5）本人は，日常生活における物の値段が互いに関係性をもっているということを知っているだろうか？

　　わたしたち支援者は，どのようにしてそれを知るのだろうか？

提　案

　日常生活で，本人と一緒にお金を使うときに，値段やお金について話し合ってみよう。
「賃貸料の支払いと映画館の入場料ではどちらがより高いのか？」「家で食べるのとレストランで食べるのとではどうか」等と，聞いてみよう。

　本人が通常どのようにしてお金を取り扱っているのかを書き留めてみよう。たとえば，本人がお店で支払うとき，本人は，支払額がおおよそどのくらいの値段か，事前に予想しているのだろうか？　正しい額のお金を支払うことができるのだろうか？

　本人は財布に一杯のお金を持ち歩いているのか，多すぎるお金を持ち歩いていないか，または，少なすぎないか？

　本人は，常に正しいお釣りをもらっているか，また，それをチェックしているか？

　本人は，両替ができるのか？　つまり100円硬貨は10円硬貨10個と同じ価値であるという意味を理解しているのか？

フォーム（様式）3：16

（5） 関連性

領 域
関連性

能 力
原因（理由）と効果（結果）の関連性の理解

利用する領域
　本人が，自分を取り巻く環境におけるさまざまな事柄の関連性について，どれくらい理解しているのかを知る。そして本人が環境にかかわることにより，影響を与える（結果を変える）ことができるということを，どのくらい理解しているのかを知る。そのためには，本人をサポートするさまざまな選択肢を比較するための絵や，選択できる機会，具体化できるような計画がなされる。

1）本人は，原因（理由）がいくつかの事柄により構成されることについて理解しているのだろうか？

　　それはどれくらいの事柄だろうか？

　　わたしたち支援者は，どのようにしてそれを知るのだろうか？

提 案
　本人がどのように原因（理由）について考えているのかを見つけ出すために，さまざまな日常生活の状況において試してみよう。たとえば，次のように聞いてみよう。
「なぜ人は食べるのか，掃除をするのか，働くのか」
「何が必要なのか」→食べるために，掃除するために，働くために
「どのようにしてできるのか」→じゃがいもからポテトチップスができるのは，バターは，洗濯機のきれいな洗濯物は

可能性のある答えとして……
- 生きるため→食べる（構成される2つの事柄）
- おなかがすいたため→食べる（構成される2つの事柄）
- 食べる→栄養を得るため→動ける（構成される3つの事柄，より抽象的）

- お金を引き出す→買うため→食事をつくるため→食べるため（構成される4つの事柄，より具体的）

　もし，本人が経験する必要性があるなら，すべての事柄について書き留める。

　本人は，実際にすべての事柄について理解し，それが次の事柄にどのように影響しているのか，またあるいは，そのことから関連性を学んでいるのかを書き留める。たとえば「蓄える→休暇中に旅行に行く」の示す意味は，「月々ある一定の額のお金を積み立てる→毎月使えるだけのお金を使わずに→休暇旅行のために積み立てる」となる。

第Ⅱ部　フォーム（記入様式・資料）編

フォーム（様式）3：17

2）本人は，原因（理由）から効果（結果）があらわれるまでの間にはいろいろな長さの時間がかかるということについて理解できるだろうか？

　　わたしたち支援者は，どのようにしてそれを知るのだろうか？

提　案
　前述した提案と同様に，本人が次の関連性について理解しているかどうかについて試みてみよう。
　オーブンに入れる。→　15分間ケーキを焼く。
　ダイエットをする。→　4か月後に水着を着る。
　本人が，原因・理由と効果（結果）の間の時間についてどのくらい理解しているのかを書き留めよう。

3）本人は，異なった原因（理由）が同じ効果（結果）を導くことがあるということを理解できるだろうか？

　　わたしたち支援者は，どのようにしてそれを知るのだろうか？

例
　電灯が点かない。なぜならば，スイッチを入れてなかったため。または，電球が切れていたため，コンセントを入れていなかったため，ヒューズが切れていたため，また，電気式ではなかったため，などいろいろな場合を考えてみよう。

フォーム（様式）3：18

4) 本人は，同じ原因（理由）が異なる結果を導くということを理解できるだろうか？

わたしたち支援者は，どのようにしてそれを知るのだろうか？

提 案

次のことを言ってみよう。
窓が開いている。つまりそれは，新鮮な空気が入る，雨が部屋に入ってくる，湿ってくることを意味する。それは，ハエが入ってくる，猫が入ってくることを意味する。ドアが閉められる。
支援者が病気だ。この意味は予定された計画を自分自身でやる，代替者とやる，何か他のことをやる，他のグループでやることを意味する。

---

5) 本人は，理由（場合・状況）によるということが理解できるだろうか？

わたしたち支援者はどのようにしてそれを知るのだろうか？

例

もし，本人が残り物を温めて食べるならば，テレビを見る時間があることを意味する。しかし，食事をつくるならば，テレビを見る時間はない，という意味である。

提 案

以下のように具体的に書いて，本人が理解することの助けとなるかどうかを書き留めよう。
電子レンジ→テレビ
コンロ→テレビなし

フォーム（様式）3：19

（6）時間

領 域
時間

能 力
時間の理解と、それを扱えること

利用する領域
本人が理解する会話や情報における時間への認識について。本人が、どれくらいの時間について見渡す（概観・理解する）ことができるのかについて。

時間の計画において、たとえば、1日、週末、休暇等についての構造化や、絵、または特別な支援方法等、どのようなサポート方法なら本人が理解できるのかを知る。

1）本人が、どのくらいの時間的間隔を見渡す（概観・理解する）ことができるのか。また、いつ、どれくらい等の具体的時間について語ることは、本人にとって重要なことか？

あの時と今

以前→今→後で

昨日→今日→明日

2・3日前、または1時間先

1週間、1か月、多くの月、1年

わたしたち支援者はどのようにしてそれを知るのだろうか？

提 案
　日常会話をしているときに、または、あなた方が共に計画を立てているとき、たとえばデイサービスセンターでの、朝やグループホームのミーティングのときに試してみよう。
　昨日何をしていたのか、お昼の後に何をするのか、明日は何をやるのか、何をやらないのか、次の日はどうかを、本人に聞いてみよう。
　火曜についてはどうか、そして先週末は何をしたのかを、本人に聞いてみよう。
　本人に自分の1日、1週間、休暇のプランについて聞いてみる。
　もし本人が、具体化されたサポート、たとえば絵のついたスケジュール帳や、カラーでマークされたカレンダー等を利用することによりサポートが可能ならば、それについて書き留めよう。

フォーム（様式）3：20

2）本人が，時間どおりに作業を進めるためにどのようにしているのか，そこで本人が たびたび行っていることは何だろうか？（たとえば食事の時間など）

わたしたち支援者は，どのようにしてそれを知るのだろうか？

例
- 本人が常にある活動の後に何が起こるかを予想している。
- 本人が自分を取り巻く環境の中に表れるサインを見つけている。たとえば支援者の仕事時間，仲間が起床する時間，食べ物の匂い等。
- 本人自身が聞いてくる。
- 本人の理解できる仕組みのある時計を利用している。

提案

　時間を伝えずに，本人がどのように日常的な活動を行っているのかを観察する。そして，本人がどのようにして活動を時間通りにこなしているかを書き留めよう。

3）ごくたまにあることについて，本人は，どのようにして時間どおりに行っているのだろうか（たとえば，歯医者の予約時間，テレビ番組の時間など）？

わたしたち支援者は，どのようにしてそれを知るのだろうか？

例
- 本人は，いくつかの活動が同じ日にあることを知っている。たとえばその日は乗馬の日であり，またダンスに行く日でもある。
- 本人は自分を取り巻く生活環境において，すでに習慣化されたシグナルに従っている。たとえば，朝ごはんの後など。
- 本人が聞いてくる。
- 本人の理解できる仕組みのある時計やカレンダーを利用している。

提案

　2）の提案と同様な方法で試してみよう。

フォーム（様式）3：21

4）どのようにして本人は，時計を利用しているのだろうか。本人にとってアナログ式の時計とデジタル式の時計を利用することについて何か違いがあるのだろうか？　たとえばラジオ付き時計はどうだろうか？

　　わたしたち支援者は，どのようにしてそれを知るのだろうか？

例
- アナログ式時計の針で示して比較してみよう。本人は，「目標の時間はもうすぐか」または「もうすでに過ぎ去ってしまったか」ということについて理解しているだろうか？
本人は時間が迫ったときに，時計を見比べる必要があることを，どのように理解しているのか？　また，時計を見始めるまでにどれくらいの時間を要しているのか？
- 時計を見ているのか？
- 一日のおおよその時間について理解しているのか？
- 時計が時報に鳴るということ，またはそれが起こるだろうということを知っているか？
- 時計が長く鳴ることもあれば短く鳴ることもあるということを知っているか？
さらに，また新たに何度も時計が鳴るということを知っているのか？
- 時計が2回鳴るということは何時かということを知っているのか？

提　案
　本人が日常生活においてどのように行っているのか，観察してみよう。
　本人にとって重要な時間を示した時計の絵を描いてみる。そして，本人が自分の時計と見比べて，どのように行い，そして考えているのかを書き留めよう。

5）本人は，どのような時間の認識をもっているのか？
　　本人は，自分が行うさまざまな活動が，どれくらいの時間がかかるものなのかをおおよそ理解しているのか？
　　本人は，一定時間の間隔について，どれくらい理解でき，予想することができるのか？
　　たとえば，15分，1時間，朝（午前中），週末，1週間等の理解・予想はどうか？

　　わたしたち支援者は，どのようにしてそれを知るのだろうか？

第Ⅱ部　フォーム（記入様式・資料）編

> **提　案**
> 　さまざまな活動の絵を使い（たとえばピクトグラムや人物の写真），そして3つに分けて本人に聞いてみよう。一つは活動時間の短いもの，一つはそれほど長い活動時間ではないもの，一つは長い活動時間のもの。
> 　日常的な状況において本人に聞いてみよう。たとえば，「お昼までに少しの時間がある。この少しの時間にわたしたちは何をするべきか？」「家ではどのような活動に多くの時間を要するのか？」「どれがより長く時間がかかるのか。仕事に行くこと，または……？」と聞いてみよう。

フォーム（様式）3：22

6）本人は，時間に関するどのような言葉を理解できるだろうか？

わたしたち支援者はどのようにしてそれを知るのだろうか？

例
- 本人は，時間を比較する言葉について，どのような言葉を選択することができるのだろうか？　たとえば，「1分は1秒よりも長い」「1日は2時間よりも長い」「1か月は1週間よりも長い」。
- 本人は1週間の日数を数えることができるだろうか？　それぞれの曜日に何が起こるのかを知っているだろうか？
- 本人は，各月を数えることができるのだろうか？　それぞれの異なる月において，行事等，何が起こるのかを知っているのか？　たとえば祝祭日や，その月は外では寒いのか，暖かいのか等。
- 本人は，1年の季節（四季）について考えることができるか？　異なる季節による特徴の違いを知っているか？

提　案

上述と同じ状況において，あなた方（支援者）が，時間，計画，カレンダーを見ながら試してみよう。

本人に秒，分，時間等，どれが一番長いか聞いてみよう。

本人に，今日はどの日か，どの月か，どのシーズンかを聞いてみる。そして会話において，本人がどのようにその言葉について考えているのか聞いてみよう。

もし本人にピクトグラムや写真等の具体化されたサポートがあれば，さまざまな異なる月や季節を関連づけることができるのかどうかについても聞いてみよう。

フォーム（様式）3：23

（7） 距離・間隔・空間と方角・方向

領　域
距離・間隔・空間と方角・方向

能　力
屋外と屋内という違いの理解。そこでは，すべての人や物が異なって見えることや，それ自身により異なる空間（スペース）が必要であることを理解する。

利用する領域
　本人が知らない場所，または知っている場所に行くため，正しくサポートする方法として，たとえば言葉による説明（指示）や，絵・地図による支援方法がある。絵による説明と情報の提供は，本人の能力にそって頭の中で方角をうまく変えて理解できるよう，行われなければならない。たとえば，もし説明者が本人の向かい側に立つならば，それをどのように示すのか，または本人の横に並ぶときの示し方を考えてみよう。
　本人が料理本にもとづいてキッチンの道具を取り出すとき，またキッチンの道具が引き出しの中に雑然として置かれていたとき等，その他のあらゆる状況について考えておかなければならない。

---

① 本人は，自分がよく知っているところへは，どうやって行っているのだろうか？
　　（徒歩で／自転車で／公共交通機関で）

② 本人は，初めての場所に行くためには，どのようにしているのだろうか？
　　（徒歩で／自転車で／公共交通機関で）

③ 本人は，目的の場所に行くための手段を自ら見つけることができるのだろうか？

フォーム（様式）3：24

④ 本人は，地図を使えるか？　その場合は，どのような種類の地図か？

⑤ 本人は，異なる位置からは物や人物や場所が違って見えるということを理解できるか？

⑥ 本人は，他の人が行う正しい動き（行動）を模倣することができるか？

⑦ 本人は，模倣した動きを別の場所で再現することができるか？

> フォーム（様式）4：1

4　状況の分析

状　況：

望む結果：

過程・ステップ：

- _____　_____
- _____　_____
- _____　_____
- _____　_____
- _____　_____
- _____　_____
- _____　_____

能力における困難性：

① 　シンボルの利用
- 読むことが必要な状況か？
- 書くことが必要な状況か？
- 絵を理解することが必要な状況か？

② 　分類・選択
- さまざまなカテゴリーの中から一つを選ぶことが必要な状況か？
 たとえば，活動を実行するために，必要となる材料や道具を取り出すなど。
- 分類・整理のための特別なシンボルを理解することが要求される状況か？
 たとえば，特別な概念としてのシンボル（マーク，印，絵，写真等）の利用など。

フォーム（様式）4：2

③ 量・数量，計算，数字
- 量を理解することが必要な状況か？
- 数を理解することが必要な状況か？
- 数字を理解することが必要な状況か？

④ お　金
- お金の取り扱いを理解することが必要な状況か？

⑤ 関連性
- 多くの事柄において，原因（理由）とその効果（結果）との関連性について理解することが必要な状況か？
- 本人は，「状況による」という考え方を理解することが必要な状況か？
- 事柄はある一定の方法によって行われており，その過程（ステップ）を保つことが必要な状況か？

フォーム（様式）4：3

⑥　時　間
- 時間通りにする必要がある状況か？
- ある一定の時間が過ぎてしまったときに決定できる，と理解することが必要な状況か？
- ある一定の時間内に行わなければならない，と理解することが必要な状況か？

⑦　距離・間隔・空間と方角・方向
- 見つけるべき必要なアイテム（物）がどこにあるのかを，理解することが必要な状況か？
- 見つけるべき物（アイテム）が，2つか，もっと多くの場所にあることを，理解することが必要な状況か？
- 物（アイテム）が互いに関連するところに置かれていることを，理解することが必要な状況か？

フォーム（様式）4：4

困難をより単純化と補う方法についての提案：

フォーム（様式）5

5 インタビューの要約

本人名 _____ 日時 _____

本人は，どのような状況において自立が困難（支援が必要）なのか？

本人の意見	支援者の意見	提供されている実質的な支援	言葉による支援

望む変化：本人，支援者が変えたいと思っていること。本人，または支援者が，自立する可能性として，望む変化について，また，どのような状況について言及しているのか？

本人の意見	支援者の意見

支援すべき状況の選択

	本人の選択	支援者の選択
1. _____		
2. _____		
3. _____		

第Ⅱ部　フォーム（記入様式・資料）編

フォーム（様式）6：1

6　支援方法の計画

本人名 _____　　状況 _____　　日時 _____

状況において，本人が自立して行うことを困難にさせているものは何か？

望む結果：
_____

困難な過程（ステップ）

能力的な困難性

_____　　_____

_____　　_____

_____　　_____

_____　　_____

_____　　_____

能力による困難な過程（ステップ）をのりこえるためには，どのような支援がされるべきか？

フォーム（様式）6：2

状況において，本人がより自立できるためには，どのような支援がなされるべきか？

	担当者	評価 （日時）

第Ⅱ部　フォーム（記入様式・資料）編

資料

フォーム（様式）1で使用するシンボル

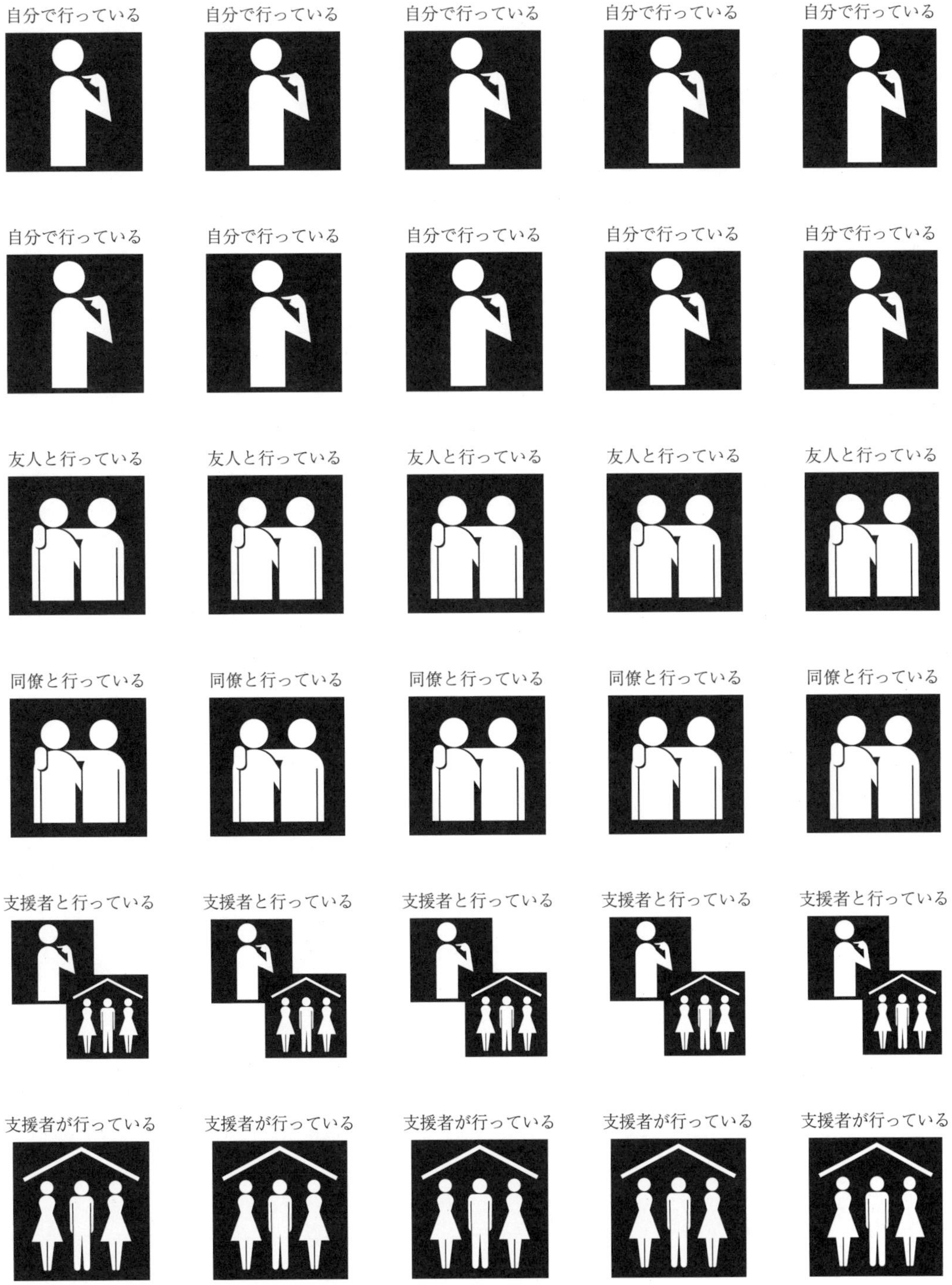

自分で行っている	自分で行っている	自分で行っている	自分で行っている	自分で行っている
自分で行っている	自分で行っている	自分で行っている	自分で行っている	自分で行っている
友人と行っている	友人と行っている	友人と行っている	友人と行っている	友人と行っている
同僚と行っている	同僚と行っている	同僚と行っている	同僚と行っている	同僚と行っている
支援者と行っている	支援者と行っている	支援者と行っている	支援者と行っている	支援者と行っている
支援者が行っている	支援者が行っている	支援者が行っている	支援者が行っている	支援者が行っている

第Ⅲ部

スウェーデンの障害福祉における法律・政策

（1） 基本理念と行政組織

　スウェーデンの障害福祉の基本理念と考えられるものが福祉関係の法律の条文の中に見られる。「社会サービス法（Socialtjänstlagen）」の第5章の第7条には「社会福祉委員会は，身体的，精神的，またはその他の理由により，彼らの日常生活において困難性のある者がコミュニティの中で他の人々と同じように生活し，参加できるように努めなければならない」と記され，「機能障害者のサポートとサービスに関する法律（Lag om stöd och service till vissa funktionshindrade）」の第5条では「この法律に基づく活動は，第1条において定められる者に対しての生活状況の平等化とコミュニティにおける生活の完全参加を促進するものとする。その目的はこの法律の対象となる個人が他の人々と同じ生活を可能にすることである」とされている。これらの意味するところは，障害のある者が一市民として地域社会の中で共に暮らし，社会における完全参加を目指すこと，そして障害者の生活状況が障害のない人々の生活状況と同等なものとなるようにすることを謳っていると考えられる。これらはノーマライゼーションの理念が意味するところであろう。

　スウェーデンにおける障害のある人々への医療保健サービス，社会サービス，経済的保障の基本的な責任は，国，県，基礎自治体の各レベルにて提供されている。国は法律と一般的な政府計画，社会保険に関して責任をもち，基礎自治体（kommun）は主に社会サービスに関して，県（Landsting）は医療保健サービスについての責任をもつ。また社会庁以外の省庁も障害者に関する施策についての責任をもつ。

（2） 法律の概要

　スウェーデンの障害者の福祉はまず国民すべてがカバーされる「社会サービス法（Socialtjänstlagen）」により保障され，これに加え「LSS法（Lag om stöd och service till vissa funktionshindrade：機能障害者のサポートとサービスに関する法律）」が，障害のある人たちの人権と各種サービスを保障している。また，「LASS法（Lag om assistansersättning：介護手当てに関する法律）」は，介護費用に関して規定し，「保健・医

第Ⅲ部 スウェーデンの障害福祉における法律・政策

療サービス法（Hälso och sjukvårdslag）」は，機能障害者に対しての保健・医療サービスの提供について，「国民保険法（Lag om allman forsakring）」は所得・経済的保障について規定している。

「社会サービス法（SFS2001：453．Socialtjänstlagen, SoL）」により，すべての国民に対しての支援とサポートがニーズにもとづいて提供される。この法律においては，社会的支援に関する国民の権利，そして住民に対する自治体の義務等について規定しており，サポートと支援はこの社会サービス法にもとづいて実施されている。社会サービス法にもとづく主なサービスは，地方自治体によって提供される。

「LSS法（SFS 1993：387）」は，社会サービス法と保健・医療サービス法からの機能障害者に関するサービスを補完する法律として位置づけられている。この法律は，機能障害のため日常生活において相当程度の困難をもち，援助とサービスを必要とする65歳未満の者を対象としている。第1章の第1条においては，この法律によって援助の対象となる者を規定し，第5条においては，この法律の目的として「コミュニティ生活への完全参加と生活状況の平等化を促進し，この法律の対象とされる者が，この法律の対象とされない者と同様な生活ができるようにすることである」としている。第9条においては，法律に基づく具体的なサービスについて規定している。

「保健・医療法（Hälso och sjukvårdslag；1982：763）」は，国民すべての者が同等に保健医療サービスにアクセスできることが，スウェーデンの保健医療システムの目的だとしている。国民への保健医療サービスの財源と提供は，公的部門の責任によって準備され，主としてその責任は県にある。特に機能障害者に対しては，リハビリテーションサービス，補助器具サービス，各機能障害のための通訳・コミュニケーションサービス等について定めている。

「国民保険法」は，スウェーデンの年金制度についてさまざまな理由により働くことのできない人々に対する所得保障に関し規定している。機能障害等のために働くことができない人々には，早期支払年金があり，その額は就労不能の度合いによって異なる。また，「LASS法（1993：389）」は，機能障害者に対しての週20時間を超える介護の費用について規定している（週20時間までは基礎自治体が負担）。対象者は65歳未満の者であって，LSS法において支援の対象とされ，週20時間を超える介護を必要とする者である。

（3） スウェーデンの障害者福祉に関する施策の概要

障害福祉に関連する政策と法律について述べてきたが，ここでは法律に基づく障害者に対する福祉サービスについて述べる。

1） 経済的な援助

障害児介護手当

機能障害のため少なくとも6か月間特別なニーズと介護を必要とする子どもの親に支払われる。これは介護に対する手当と機能障害のために特別にかかる費用についても含んでいる。

障害者手当

機能障害のために少なくとも1年間身体的，精神的機能が制限され，日常生活，労働生活においてケアが必要とされるため，特別にかかる費用に対しての手当である。

早期支払年金

16歳以上65歳未満で，障害や，医学的な理由や障害のため自分自身で生活をサポートできない者が，労働能力の長期にわたる低下を理由に，早期支払年金を受けることができる。労働能力の低下の程度によって金額が異なる。

住宅手当

早期支払い年金受給者に対しては，所得認定を原則としたうえで，住宅手当が支給される。障害のある本人，または障害のある子どもや大人のいる家族に対して，住居にかかる費用を軽減する目的で支払われる。この他に，住宅新築，改築に対する国の助成金や，コミューン（基礎自治体：市町村）による住宅改造資金助成制度がある。

2） 各種福祉サービス

スウェーデンの知的障害者が利用できるサービスのメニューには，以下のものがある。

第Ⅲ部　スウェーデンの障害福祉における法律・政策

専門職によるサポート

恒久的で重い機能障害のある人は，生活を左右する状況や問題について，特別な知識を得るための相談援助サービスと，その他の個人的なサポートを得ることができる。相談援助サービスは，ソーシャルワーカー，臨床心理士，理学療法士，作業療法士，言語聴覚士等の専門家による専門的助言をいう。個人的なサポートサービスに関しては，以下のものがある。

パーソナルアシスタンス

パーソナルアシスタンスは，地域生活を行う機能障害者に対して提供される個人的な援助である。援助の内容は，家事，食事，買い物，洗濯，掃除，各種介護，学校や職場での援助まで，個人のニーズによって広く提供されている。

エスコートサービス（外出付き添いサービス）

機能障害者の外出や余暇・文化活動等への参加を容易にするために，付き添い人を派遣するサービスである。

コンタクトパーソンサービス（友人，助言者サービス）

一般の人々で関心と熱意のある者がコミューンと契約し，友人として相談相手になったり，コンサートや観劇などの趣味・娯楽的活動を共にするサービスである。少額の報酬がコミューンより支払われるが，ボランティア的な性格が強いサービスと考えられる。

レスパイトサービス

機能障害者と暮らす者，または機能障害者の介護にあたる家族，あるいは介護者が休養を必要とするときに，代わりの介護者を派遣するサービスである。

ショートステイサービス

機能障害者を短期間滞在させることにより，機能障害者本人の気分転換をはかったり，レクリエーションの機会を提供したり，同時に介護者の休養を保障するサービスでもある。近隣のグループ住宅等にて実施されることがある。

12歳以上の子どもへの放課後の余暇活動支援

12歳以上の機能障害児に対しての放課後の余暇活動支援であり，通学している学校の放課後に，余暇活動支援者等によりさまざまな余暇活動プログラムに参加できる。放課後の他に休日に行われることもある。

里親家庭または特別なサービス付き住宅

何らかの理由で自宅で暮らすことのできない機能障害児に対して里親家庭，または家庭的で特別なサービスの付いた住宅での生活を保障する。

成人のための家庭的な特別なサービス付き住宅

成人に対しても，自宅で生活できない機能障害者に対して，特別なサービスの付いた住宅での生活を保障している。その多くがグループ住宅を示していると考えられる。

就業年齢に達した人への日中活動（デイサービスセンター，福祉的就労）

日中活動の内容は，絵画・音楽活動，レストラン運営，リハビリテーション等，非常に幅広い。一般就労が困難な機能障害者の，社会参加と発達を促進するための重要なサービスである。他の人との交流や社会参加を通じて支援することを目的としている。

就学前教育

スウェーデンの就学前教育年齢児のほとんどが，親が働いている間の終日または日中のある時間において，就学前教育（幼稚園・保育園）を受けている。機能障害のある子どもに対しても，同様に一般保育園・幼稚園に統合されて就学前教育が提供されている。コミューンが，それらの教育に責任をもち提供している。特に地域のハビリテーションチームから，特別支援教育の専門家，理学療法士，作業療法士，言語聴覚士等の専門職が学校を訪問し，機能障害児に対し個別にハビリテーションプログラムを提供している。機能障害児に関して専門的な教育と訓練の経験のもつ就学前教育の教師が，機能障害児の親と障害児が通う就学前教育機関の教職員に対して，サポートとスーパービジョン（相談援助）を行う。

第Ⅲ部 スウェーデンの障害福祉における法律・政策

教 育

　機能障害のある子ども，青少年，成人は，教育・訓練を受ける機会に関しても，社会の一員として同等の権利をもつ。これは，知的障害のある多くの子ども達が，義務教育学校（9年制）や，そこに併設された特別支援学校または特別なクラスに参加するということを意味している。義務教育期間は9年であるが，必要ならば1年をプラスすることができる。サポートは，学校において，たびたび特別に訓練された教員，補助教員，テクニカルエイドという形態が必要とされる。少人数の子どもが，小さなグループにおいて教育される。コミューンが，機能障害児も含む他の子ども達の教育について責任をもっている。知的障害児の学校についても，通常は一般学校に統合されている。義務教育修了後の教育に関しても，国民高等学校や国民大学等の教育機関にて，知的障害者を対象としたコースが設置されているところも多い。これらの学校において，社会接触と文化的活動への機会を学び，促進させる環境をもつ。

就 労

　すべての人々のための仕事，これがスウェーデンの雇用政策の目的である。知的障害者の高等教育プログラムにおいても，職業訓練，生活訓練等が組まれている。また，機能障害者を受け入れる雇用者には，機能障害者のための環境整備や，補助器具を整備するための助成金が用意されている。就労保障は，単に所得保障だけではなく，社会的存在としての人間の発達を保障する重要な機会として位置づけられている。就業形態には福祉工場の一種としてのサムハル（Samhal）[9]や，福祉的就労としての通所授産施設，デイサービスセンターなどが用意されている。したがって，その人の労働能力の低下によって，部分的な早期支払年金受給とパートタイム就労を組み合わせることも可能である。

→9）サムハル（Samhal）
　スウェーデンの国営企業で，障害のある人々をはじめさまざまな市民に対して雇用の機会を提供している。

住居保障

　コミューンが住宅計画について責任をもち，すべての人が，自分達のニーズに合った住宅に住むことができるべきであるという社会理念がある。とくに高齢者と機能障害者には注意を払うべきであるとされ，社会サービス法にもとづいて，コミューンがニーズに応じた適切な住宅を提供することが義務付けられている。スウェーデンにおいては，

1997年に,「特別病院,ケア入所施設閉鎖法（Lagen om avveckling av specialsjukhus och vårdhem）」により,1999年までに特別病院と施設の閉鎖を決定した。現在では,機能障害のある人々が,地域の住宅地にて,彼らに必要なサポートを受けながら暮らせる住宅環境がこれまでの経験から良い計画であると示されている。また他に,機能障害者のニーズに応じての特別な住まいとして,24時間の介護が準備されている「サービスハウス」「グループ住宅」などがある。また,住宅改造に関しても,必要と認定された場合は,必要な改造をコミューンが無償で実施してくれる。

テクニカルエイド（補助器具）

　機能障害のある人が,テクニカルエイド（補助器具）をうまく利用することにより,より活動的で,自立した生活を営むことができる。スウェーデン支援機器・方法研究所が,国レベルとしてのテクニカルエイド（補助器具）の研究開発,テスト,評価を行っている。県が機能障害者に対してのテクニカルエイド（補助器具）を準備する責任をもっている。県はテクニカルエイド,補助器具センターを設置・運営し,ニーズに応じて適切な補助器具の給付を行う。テクニカルエイド（補助器具）は,必要な人に,必要な期間,そしてその人の機能障害の状況,年齢等に合わせて改造され,無料で貸し出される。

権利擁護

　障害者オンブズマン（Handikappombudsmannen）の任務は1994年の「ハンディキャップ・オンブズマンに関する法律（Lag om Handikapp-ombudsmannen）」にもとづいて規定されている。その任務の例としては,障害者の権利と利益に関わる問題に注意を払い,監視することにある。また,障害者オンブズマンは,国の障害者に対する取り組みが,国連の障害者の機会均等化に関する「標準規則（UN Standard Rules）」に沿っているかについて評価する。加えて,法律規定の欠陥に関しての改善策についても検討する。また機能障害のために差別を受けているケースに関しても調査して検討を行う。

障害者の成人教育

　スウェーデンの成人教育は長い伝統をもっている。　スウェーデンにおける成人教育とは,義務教育や高等学校教育を修了せずに社会に

出たり，あるいは大学進学のために高等学校卒業資格が必要になったり等，再教育を希望する成人に対して行われるリカレント教育である。スウェーデンの成人教育の機関としては，「国民大学（Folkuniversitet）」「国民高等学校（Folkhögskolan）」「コミューン成人教育学校（Komvux）」等があり，障害者の利用も多く，知的障害者のための特別コース（Särvux）を設けている機関もある。これらの機関では，正規の教育で不足した部分の教育を受けることが可能である。

（4） 最近の機能障害者支援

スウェーデン政府は，機能障害のある人々と高齢者へ提供する社会サービスの選択の機会を促進するために，その基盤を検討する調査研究を行った。言い換えれば，これはサービスの利用者，つまり本人がニーズにもとづいてサービスを利用する際に，自分自身で自己決定する機会がより強められることを意味する。

検討されているのは，自由選択システムという提案である。それは，以下の2点である。

- サービスの提供者（たとえば，民間業者やNPO，ボランティアセクター等）から提供される多元的なサービス提供の奨励と促進。
- サービス利用者の自己決定と自己選択の自由に関する権利の奨励と促進。

サービスの自由選択システム

2007年のスウェーデンの市町村と県による「調査報告（Sveriges kommuner och Landsting-SKL）」では，64の県と290の市町村がすでにプライマリーケア（初期診療）と市町村レベルで提供されるいくつかのサービスについて自由選択のシステムを採用している。この自由なサービスの選択システムと考えられる施策は，新しく制定される「サービスの自由な選択システムに関する法律（LOV法：Lagen om Valfrihetssystem）」に規定される。この法令は，政府の委員会（SOU 2008：15）により検討される。これには利用者に対するサービス提供者間の競争の促進と，利用者によるサービス提供者選択の機会の促進，そしてNPOやボランティアの役割機能について示されている。

市町村と県に対し，サービス提供者からのサービスの購入に関する「公的な購入に関する法律（Lag om offentlig upphandling：2007：1091）」

の改正が検討され，関係機関がサービス提供者を選択できるようにしている。しかし，利用者の管理権とその選択権に関しては不十分である。サービス利用者に対するこの新しい自由な選択権の規定は，利用者の決定権を促進させるであろう。

　関係機関はどのようにしてこの自由選択のシステムの法規定を適用し，そのサービスについて決定するのか。関係機関はまた，期待されるサービス提供者の必要な要件が，事前に各政党を含めた話し合いにより協定・同意がなされるべきとしている。これはサービス利用者が質の良いサービスを購入するための質的管理・監督を保障することを意味している。関係機関は，他の関連するサービス提供者の要件として，職員，管理職の教育レベル，サービス提供機関と関係機関との協力の範囲とその形態についてもまた組織化するとしている。要件のリストは，購入されたサービスと関係機関のもつサービス購入の目的によって設定される。
　この新しい「サービスの自由な選択システムに関する法律」は，言い換えれば公的なサービスに関する調達方法の変更ともいえる。関係機関は，常に自身で実施しているサービス「in house」といわれるものに対する選択権をもつ。関係機関は最適な提供者を選択し，利用者には最善のサービスを提供するために法律を運用する。この「サービスの自由な選択システムに関する法律」は，関係機関がサービスのニーズにおいて，その権限を政治家から市民へと移行させるために適切だろう。そのねらいは先に言及したとおり，サービス利用者の影響力と権利（力）の促進と，サービス提供者の多様化を促進することである。この法律によってもたらされたサービスが購入される。サービスの手段のための要件が契約書または証書に書かれ承認される。これにより価格ではないサービスの競争が，異なるサービス提供者の間に起こるだろう。価格が関係機関によりあらかじめ設定され，そしてすべてのサービス提供者に，同じ原則によって支払われるであろう。サービスとモニタリング，フォローアップについてもまた記述・説明される。関係機関が契約書の条項，とくに要件についてチェックする責任をもつ。
　市町村と県は，この自由選択のシステムの紹介や，またはこのシステムに関する国のデータベース情報の利用を啓発する。この目的は，市町村と県における経験や情報の交換，この自由選択のシステムを新

第Ⅲ部 スウェーデンの障害福祉における法律・政策

たに実施しようとしている市町村への情報化を利用できるようにするためである。

この自由選択システムに関する法律の意図は，個人の選択に対する権利（力）を行使すること，公的な資金によるサービスニーズへの責任をもつこと，そしてサービス利用者の要望を反映させることであった。この法律は，2008年に制定された。

2008年の間，国としてその責任を負う社会省では，高齢者と障害者のケアのために「サービスの自由な選択システムに関する法律」への準備予算を市町村に配分するとした。そして社会サービス法（2001：453）にその規定が含まれるとした。社会サービス法では，市町村が高齢者，機能障害者のケア，そして保健衛生について責任をもつとしている。社会サービス法におけるケアと保健衛生とは，家庭ケア（生活支援），高齢者のための特別な住居，そして65歳までの障害者への支援である。

社会サービス法における自宅における支援は，以下のように説明されている。

① 個人的支援サービスと，自宅で生活することを促進するためのサービス
② 永続的または短期間の居住サービス
③ 日常活動支援サービス

自宅における支援サービスとは，言い換えれば，掃除，洗濯，買い物，調理等のサービスが含まれる。そして保健衛生サービスには，個人的保健衛生管理，入浴介助，衣服着脱，食事介助，助言等が含まれる。ここでは外出支援サービスや同伴サービス，保安サービス，親族も対象とする相談援助サービスも含まれる。これらすべてのサービスが，新しい「サービスの自由な選択システムに関する法律」に含められ，市町村によるサービスのみならず，民間部門やNGOなどによる多様なサービス提供機関により実施される。

政府は，この「サービスの自由選択システムに関する法律」を市町村が実施するための，相談とサポートのための予算を計上した。この相談とサポートは，国の保健医療組織と協力する市町村と県の組織SKL（Sveriges kommuner och landsting）によって提供されるであろう。市町村はこれにより法律を啓発，実施させるための財政支援を得るこ

とができる。この財政支援は，社会サービス法におけるサービスのみに適用される。この財政支援は，LSS法による活動とサポートの支援については考えられていない。

　市町村が得る財政支援については，社会省によって調査される。社会省は2010年までに調査結果の報告をまとめ，議会に提出する。現在興味深いのは，この自由選択システムの法律がどのように実施され，高齢者と障害者に提供されるサービスの質がより良くなっていくかどうかということである。この新しい法律の展開が，サービス利用者の権限をより強め，彼らが得るサービスにより良い影響を及ぼすことになることを願う。

（5）　スウェーデンとノーマライゼーションの理念

　現在ノーマライゼーション（Normalization）の理念は，わが国の福祉・教育分野をはじめ幅広く知られるようになった。しかしその認識や理解の程度は，人や関連機関によってさまざまに異なっているように思われる。ここではノーマライゼーションの理念に関するいくつかの文献や資料より，この理念の背景と関連する事柄について紹介すると共に，スウェーデンにおけるノーマライゼーションの理念，そしてわが国，日本におけるノーマライゼーションの理念について考えていきたい。

ノーマライゼーションの理念の誕生
　最近の障害者福祉の潮流として，誰もが社会の中の一市民として生活する権利があり，重い障害があっても，必要なサポートを受けながら，可能な限り地域の住み慣れた個人宅やグループホーム等にて生活するという考え方がある。このような考え方もノーマライゼーションの理念にもとづいた取り組みの一つであろう。
　ノーマライゼーションの理念は，北欧諸国においてよく発展していった。スウェーデン語，デンマーク語では「Normalisering」と表記される。一般的にこの理念は1950年代のデンマークにおける知的障害者の親の会の活動を通して生まれたとされている。その内容は，「知的障害者の生活状況は可能な限りノーマルな生活状況におかれる」「知的障害者の生活状況をノーマライズする」「知的障害者に可能な限りノーマルな生活状況を提供する」などと表現され，当時のデンマー

第Ⅲ部 スウェーデンの障害福祉における法律・政策

ク社会省の行政官であったバンク-ミケルセン（N.E. Bank-Mikkelsen）らの尽力により，デンマークの知的障害者福祉に関係する法律「1959年法」にはじめてこの理念が盛り込まれたとされている。一方，スウェーデンにおいても，ノーマライゼーションの理念のはじまりと思われるものが1946年の「政府報告書（SOU 1946：24 Förslag till effektiviserad kurators och arbetsförmedlingsverksamhet för partiellt arbetsföra m.m.）」の中に見られる。スウェーデンでは，1930年代の終わりから40年代のはじめにかけて，福祉国家建設への議論がはじまった。1943年，政府委員会は，さまざまな理由（障害や健康状態，社会的状況等）により雇用や労働生活にアクセスしにくい人々に関する調査を行い，提案を行った。委員会は，労働生活にアクセスしにくいと予測される3つのターゲットとなる人々について言及し，これらの人々は，公的機関が支援することで労働生活を行い，収入を得ることができると考えた。そのためには社会一般のサービスが障害のある人々にも同様に利用できるようにするべきであると強調し，一般的社会サービスにおいて解決されない場合には，特別な解決方法が推奨されるとした。そのためには，一般的社会サービスがすべての市民に可能な限り利用できるように整備され，それが地域で提供されるならば，その人は地域社会の自分の家に住み続けることが可能となり，それは施設等への入所よりも心理的にポジティブとなるだろうとした。政府委員会はここで「Normalisering」について説明し，労働が困難な状態の者でも一市民としての基本的要求が強調され，人間としての平等な価値と権利が優先される。これは民主主義の問題であるとした。このようにノーマライゼーションの理念にあたる考えを，当時の政府委員会がすでにもっていたということは興味深い。

その理論化と発展

スウェーデンのベンクト・ニィリエ（Bengt Nirje）は，1950年代にスウェーデン赤十字社の難民問題担当としてオーストリアで働き，その後FUB（スウェーデン知的障害児・青年・成人連盟）のオンブズマン，国際障害者スポーツ連盟，国際知的障害者スポーツ連盟，ウプサラ県障害福祉部長，ウプサラ大学障害者研究所等で働き，亡くなるまで数々のソーシャルワーク，障害者分野において活躍した経験をもつ。彼によりノーマライゼーションの理念は，その目標と実践方法を設定することによりさらに発展していく。ノーマライゼーションを「日常

生活の様式とコンディションを，その社会におけるメインストリームの状態に可能な限り近づけるようにする」とし，ノーマライゼーションの理念を実践するための8つの要因を以下のように示した。

① 日常生活におけるノーマルなリズム（1日における生活リズムと考えられる）
② 生活におけるノーマルな日常的活動（1週間における生活リズムと考えられる）
③ 1年間のノーマルなリズム
④ ライフサイクルにおけるノーマルな経験
⑤ 個人の尊厳と自己選択，自己決定権
⑥ 両性が共に住む生活
⑦ ノーマルな経済的な水準を得る権利
⑧ ノーマルな生活（住宅）環境を得る権利

　このようにベンクト・ニィリエによるノーマライゼーションを実践するための具体的な視点は，スウェーデンの知的障害者福祉施策における脱施設化と地域生活移行，地域生活支援サービスの発展の理念に大きな影響を与えたと考えられる。

ノーマライゼーションの理念の具現化
　良い理念が存在しても，それが政策の中で実行・具現化されなければ，絵に描いた餅となってしまう。スウェーデンの障害者施策においてノーマライゼーションの理念の具現化に尽力した重要な人物の一人として，カール・グリュネバルド（Karl Grunewald）があげられる。
　彼は1960年代から80年代，医療保健庁（Medicinalstyrelsen，のちに社会庁）の知的障害福祉局長，監督監査責任者として働くとともに，障害者関連の新法律立案のために政府のさまざまな委員会に関与し，法律の草案や政府報告書の作成に深く関与した。新しい法律，障害者ケアの考え方を周知，啓発するための通知・通達を作成し，それらを浸透させるために全国でカンファレンス活動も実施した。法的に個人の市民としての安全を保障し，スウェーデン国内の知的障害者の特別病院と入所施設における処遇を良質で同等の水準で維持させるために，強力な監督監査指導が不可欠であるとした。彼の監督監査指導は，日常生活の内容から家具，食器，そして衣服やみだしなみの用具までに

わたった。監査結果の報告書の情報を公に公開し，国民に対し知的障害者に関する問題提起をメディアなども通じて喚起した。

また彼は知的障害者の日中活動のための「デイセンター」を発案し，重度の障害者も利用できるとした。「小グループの原則」の理念は，施設サービスと同様，非施設サービスにおいても有効とされ，グループホームの利用人数と特別支援学校における1クラスの人数は，この考えにより削減された。男女が分離して生活する形態にも反対し，男女が共に暮らすことによる良い効果を主張し，男女両性が共に暮らす世界に住むことの重要性を説いた。このような改革は，入所施設における生活の小グループ化から入所施設の閉鎖・解体へと繋がった。また，施設から地域生活への移行，地域生活に必要な個人生活を支援するための経済的保障の充実と，各種の個人的生活のサポート体制の構築につなげた。

彼はこのようにノーマライゼーションの理念を法制施策の中に具現化し推し進めていった。

日本の障害者福祉とノーマライゼーションの理念

わが国にとって，ノーマライゼーションの理念は海外から輸入されてきたものである。しかし，これまでの障害者福祉施策の中にも，ノーマライゼーションの言葉と理念を見ることができる。

たとえば，1995（平成7）年の政府計画としての「障害者プラン──ノーマライゼーション7か年戦略」では，計画名そのものに「ノーマライゼーション」という言葉が使われており，「プランはリハビリテーションの理念とノーマライゼーションの理念を踏まえつつ，7つの視点から施策の重点的推進を図る」としている。また2003（平成15）年からの支援費制度には「ノーマライゼーションの理念に基づいて導入された」とされている。これらからも，わが国の障害者福祉施策の基本理念のひとつがノーマライゼーションであり，スウェーデンやデンマークと同じであると考えられる。

しかし，スウェーデンとデンマークの障害者福祉施策は互いに類似している点が多いと思うが，わが国のものはこれらとは一線を画しているように見える。わが国では，2006（平成18）年4月より新しい法律，障害者自立支援法が施行され，障害者福祉サービスの仕組みが大きく変わった。障害者自立支援法には，障害者の地域生活と就労を進め，自立を支援するという視点がある。この考え方もノーマライゼー

ションの理念に沿っているだろう。しかし，この法律施行後の障害者福祉をめぐる現状の変化については大きな論議が起こった。

　社会には必ず，ノーマルな生活を維持するため，社会サービスの利用を不可欠とする人々が存在し，今必要としていない人でも将来必要となる可能性がある。人生に何が起こっても，いつまでも地域社会の一市民として尊厳ある安心した生活を送ることは，誰にとっても大切なことであろう。わが国の障害者福祉施策において，ノーマライゼーションの理念がどれほど正しく理解され，そして使用され，実践・具現化されているだろうか。ノーマライゼーションの発展と具現化に尽くしてきた人々に対して恥じないものであろうか。それとも，日本は独自の文化，習慣をもつものとして，わが国独自のノーマライゼーションの理念があり，北欧のものとは異なるものとして変形され利用されていくのだろうか。またはこのような理念は無用なものとして葬り去られてしまうのだろうか。

　筆者は，あるスウェーデンの政府報告書の言葉をよく覚えている。それは「すべての人々のための社会」と「ある人々を締め出す社会は弱くてもろい社会である」。ここには当時のスウェーデンの社会施策に向けた確固たる強い意志と国民の連帯意識がみられる。どのような国や文化，習慣においても，一部の人々を締め出す社会は損なわれた社会であり，成熟した民主主義社会ではそれは許されないのである。わが国では格差社会が進行しているといわれている。わたしたちは，誰が誰に対して連帯の意識をもつのだろうか。これまでのスウェーデンのノーマライゼーションへの歩みと努力は，今後のわたしたちの福祉社会の構築に向けての大切な何かを教えてくれると思う。

Ⅲ部　参考文献

Bengt Nirje (1992) The Normalization Principle Papers. Centre for Handicap Research. Uppsala University. Uppsala.

Birgit Kirkebae (2001) Normaliseringens periode. Forlaget SOCPOL.

Göran Graninger & John Loven (1994). 40 år med Utvecklingsstörda. - Samtal med Karl Grunewald - Fones.

花村春樹訳・著 (1998)『「ノーマリゼーションの父」N・E・バンク−ミケルセン』ミネルヴァ書房。

河東田博，橋本由紀子他訳編 (2004)『ノーマライゼーションの原理』ベンクト・ニィリエ著，現代書館。

LSS Habilitation team pamphlet. Göteborg.

National board of health and welfare (2008) The governmental inquire SOU 2008 : 15

National board of health and welfare (2008) Sveriges kommer och Landsting SKL. 2008-06-05 Dnr 00-4160/2008.

Niels E. Bank-Mikkelsen (1969) A Metropolitan Area in Denmark. Copenhagen. Changing Patterns in Residential Services for the Mentally Retarded. Presidents' Committee on Mental Retardation. Washington, D. C.

Roda B. Billimoria (1993) Principle and Practice of Normalization. Centre for Handicap Research. Uppsala University.

Social insurance (2004) Fact sheets on Sweden.

Socialstyrelsen (1982) Hälso och sjukvårdslag. 1982 : 763.

Socialstyrelsen (1993) Act concerning Support and Service for Persons with Certain Functional Impairments and The Assistance Benefit Act.

Socialstyrelsen (1993) Lag om stöd och service till vissa funktionshindrade; SFS 1993 : 387.

Socialstyrelsen (1993) Lag om assistansersättning, LASS 1993 : 389.

Socialytyrelsen (2000) Lag om Handikappombudsmannen.

Socialstyrelsen (2001) Social Services Act. SFS 2001 : 453.

Socialstyrelsen (2001) Socialtjänstlagen So L SFS 2001 : 453.

Socialstyrelsen (2003) Lag om allman forsakring 2003 : 302.

Socialstyrelsen (2003) Social services in Sweden an overview.

Socialstyrelsen (2004) Services to the Disabled – Status Peport.

Statens offentliga utredningar (2008) LOV att välja – Lag Om Valfrihetssystem. SOU 2008 : 15.

Swedish institute (2000) Disability Policies in Sweden.

Swenska Institute (2001) Fact Sheets on Sweden. Compulsory School in Sweden.

Swenska Institute (2001) Fact Sheets on sweden. Upper Secondary and Adult education in Sweden.

Swedish institute (2003) The Health Care in Sweden. Fact sheets sweden.

田代幹康 (2006)『スウェーデンの知的障害者福祉の実践——コミュニティでの暮らしを支えるサービスと支援』 久美出版。

田代幹康 (2006)「ノーマライゼーションの理念に関する一考察——スウェーデンとデンマークにおける初期の理念の比較」『日本社会福祉学会第54回全国大会報告要旨集』 日本社会福祉学会。

田代幹康, シシリア・ロボス訳・著 (2007)『スウェーデン・ノーマライゼーションへの道——知的障害者福祉とカール・グリュネバルド』 ジョーラン・グラニンガー, ジョン・ロビーン著, 現代書館。

田代幹康 (2007)『スウェーデンとノーマライゼーションの理念』 スウェーデン社会研究所。

あ と が き

　本書に関わったことは，機能障害のある人々を支援する実践領域の幅広い専門性の視点をわたしたちに与えてくれた。日常生活を支援する理論の知識，実践現場の経験，そして生活場面における困難に対しアプローチする考え方，これらすべての専門的姿勢，さまざま支援の手段や方法をたやすく利用し，アクセスすることにより促進される。この本が，機能障害のある人々が出会い，直面する困難性について強調し，そして同時に彼らの妨げとなっていることに関する認識への専門的な手引書となることを願っている。

　今回，多くの方からの貴重な協力を得て出版することができた。原著者のE.リンストロームとB.ヴェンベーリアをはじめ，スウェーデン支援機器・方法研究所のコーディネーターのI.ニコラウには，支援方法の実践を見学させていただく機会も含めて大変お世話になった。また，知的障害者施設に勤務しているかつての同僚からは，実践現場からの視点でこの原稿を見ていただき，数々の貴重なご意見をいただいた。そして最後になるが，今回出版を引き受けてくださったミネルヴァ書房の社長，スタッフの方々，そして辛抱強くわたしの読みづらい硬い文章を丁寧に見ていただき，訳・著者の意図を汲み取る編集をしていただいた編集部の柿山真紀さんに感謝を申し上げたい。

　このようにさまざまな方々が，この本の作成・出版に関わって下さり今回完成した。この本における考え方と実践が，スウェーデンのみならず日本の実践現場においても少しでも伝わることができればとてもうれしく思います。

訳・著者　田代幹康
　　　　　C.ロボス

索　引

あ行

ICF（国際生活機能分類）　13
イメージシステム　7
インタビュー　32
エスコートサービス　166
FUB　41
LASS法　163
LSS法　2
お金　51, 138

か行

関連性　50, 141
基礎自治体　163
機能障害　2, 4
義務教育学校　168
教育　168
距離　51, 150
具体化　77
グリュネバルド, K.　175
グループ住宅　169
グループホーム　17
県　163
言語聴覚士　84, 167
構造化　75, 78
国民高等学校　168, 170
国民大学　168, 170
国民保険法　164
コミューン　168
コミューン成人教育学校　170

さ行

コミュニティ　163
コンタクトパーソンサービス　167
コンテント（内容）　64

サービスの自由な選択システムに関する法律　170
サービスハウス　169
サーンストーン, L.L.　41
作業療法士　84, 167
里親家庭または特別なサービス付き住宅　167
サムハル　168
時間　51, 145
自己決定　62
社会サービス法　163
社会省　172
就学前教育　167
就学年齢に達した人への日中活動（デイサービスセンター，福祉的就労）　167
自由選択システム　170
住宅手当　165
12歳以上の子どもへの放課後の余暇活動支援　167
就労　168
守秘義務　28
障害児介護手当　165
障害者オンブズマン　169
障害者自立支援法　176
障害者手当　165
障害者プラン（ノーマライゼーション7か年戦略）　176

小グループの原則　176
ショートステイサービス　166
シリェーン，G.　2, 41
自立　27, 36
シンボル　51, 124
スウェーデン支援機器・方法研究所　169
数字　51, 135
成人教育　169
成人のための家庭的な特別なサービス付き住宅　167
1959年法　174
早期支払年金　165
相談援助サービス　166
ソーシャルワーカー　166

た行

WHO　13
短期記憶　80
抽象化　44
デイサービスセンター　22
デイセンター　176
適応化　26
テクニカルエイド　168
統合（インテグレーション）　17
特別支援学校　168
特別なサービスの付いた住宅　167
特別な支援方法　75
特別病院，ケア入所施設閉鎖法　169

な行

ニイリエ，B.　174

認知　26
認知的なサポート　75
能力障害　2
ノーマライゼーション　163

は行

パーソナルアシスタンス　166
ハビリテーション　6
ハビリテーションチーム　6
バンク−ミケルセン，N.E.　173
ハンディキャップ・オンブズマンに関する法律　169
ピアジェ，J.　41
ピクトグラム　5
評価　38
フォーラム（話し合い）　64
フレーム（枠組み）　64
分類・選択　51, 130
保健・医療サービス法　163
補助器具センター　169
補助教員　168

ら・わ行

理学療法士　167
リカレント教育　170
臨床心理士　84, 166
レスパイトサービス　166
ワーキングメソッド　19

《訳著者紹介》

田代　幹康（たしろ・みきやす）
東北福祉大学社会福祉学部福祉心理学科卒業
スウェーデン国立 Göteborg 大学インターナショナル，ソーシャルワークマスターコース修了
Filosofie magisterexamen (International Master in Social Work)
筑波大学大学院教育研究科カウンセリング専攻リハビリテーション修士課程修了
修士（リハビリテーション）
専攻　ソーシャルワーク・障害者福祉
知的障害者福祉施設・情緒障害児短期治療施設・児童養護施設勤務，デンマーク，スウェーデンに渡り
帰国後，群馬医療福祉大学等を経て，
現在，東京福祉大学社会福祉学部教員

シシリア・ロボス
スウェーデン国立エスタスンド（Östersund）大学社会福祉学部卒業
スウェーデン国立 Göteborg 大学インターナショナル，ソーシャルワークマスターコース修了
Filosofie magisterexamen (International Master in Social Work)
スウェーデン，ノーショッピング（Norrköping）市移民局職員，同市福祉事務所のソーシャルワーカー，ソーダショッピング（Söderköping）市福祉事務所のソーシャルワーカー，スウェーデン国立リンショッピング（Linköping）大学キャンパスノーショッピング（Campus Nörrköping）福祉コース教員，スウェーデン国立オレブロ（Örebro）大学福祉コース教員，スウェーデンエシュタ・フュンダル（Ersta Sköndal）大学ソーシャルワークコース教員を経て，現在スウェーデン社会省（Socialstyrelsen）専門官

スウェーデン発・知的障害のある人の生活支援ハンドブック
――評価に役立つ記入様式付き――

2011年3月10日　初版第1刷発行　　　〈検印省略〉

定価はカバーに
表示しています

訳著者　田代幹康
　　　　シシリア・ロボス
発行者　杉田啓三
印刷者　田中雅博

発行所　株式会社　ミネルヴァ書房
607-8494　京都市山科区日ノ岡堤谷町1
電話代表　(075)581-5191番
振替口座　01020-0-8076番

© 田代幹康・C. ロボス，2011　　創栄図書印刷・清水製本

ISBN978-4-623-05915-7
Printed in Japan

「ノーマリゼーションの父」N・E・バンク－ミケルセン
[増補改訂版]
——その生涯と思想——

花村春樹 訳著
四六判／本体2000円

知的障害をもつ人の地域生活支援ハンドブック
——あなたとわたしがともに生きる関係づくり——

高橋幸三郎 編著
A5判／本体2500円

介護保険の活用と実践
生活支援のための福祉用具と住宅改修

和田光一／筒井澄栄 著
B5判／本体2000円

デンマーク発・痴呆介護ハンドブック
——介護にユーモアとファンタジーを——

E．メーリン／R．B．オールセン 著／東翔会 監訳
モモヨ・タチエダ・ヤーンセン 訳／千葉忠夫 翻訳協力
B5判／本体3800円

相談援助のための福祉実習ハンドブック

関西福祉科学大学社会福祉実習教育モデル研究会 編
編集委員 遠塚谷冨美子／津田耕一／遠藤和佳子／橋本有理子／山戸隆也
B5判／本体3000円

福祉専門職のための権利擁護支援ハンドブック

特定非営利活動法人 PASネット 編
A5判／本体2000円

———— ミネルヴァ書房 ————
http://www.minervashobo.co.jp/